ODESSA

UKRAINE

von Brigitte Schulze

Verlag UKIN, 2008
ISBN 978-3-9810467-2-4

INHALT

Odessa

Katharinas Stadt am Schwarzen Meer

Odessa – Katharinas Stadt am Schwarzen Meer

Katharina II.

Ohne sie gäbe es Odessa nicht. 1794 befahl die Zarin deutscher Herkunft, Katharina die Große, Odessa zu bauen. Geplant von dem Holländer Franz de Volan, gebaut unter der Leitung eines Spaniers, Admiral José de Ribas, und regiert von dem Franzosen Herzog Richelieu, ihrem ersten Bürgermeister, wurde die Stadt bunt, glitzernd und international. Die Wurzeln Odessas reichen bis in die Zeit vor Christus zurück, als die ersten Griechen dort siedelten. Außer ihnen haben seither viele Völker ihre Spuren dort hinterlassen: Deutsche, Italiener, Franzosen, Bulgaren, Juden und andere. Ihre Nachkommen leben heute in Odessa friedlich miteinander und demonstrieren beispielhaft ein kleines Europa.

Mit ihren etwas mehr als zweihundert Jahren und über einer Million Einwohnern ist Odessa eine verhältnismäßig junge und von ihrer Größe her überschaubare Stadt. Ein Hüpfer sozusagen unter den Großen wie Moskau und St. Petersburg. Sie war nicht die „Erste" im russischen Reich, aber auch nicht die „Letzte". Mit diesem häufig gebrauchten Ausspruch versuchte man stets und bis heute den Rang der Stadt Odessa zu beschreiben. Menschen aus über hundert Nationalitäten

Blick auf den Hafen

leben in der Stadt und prägen täglich ihre Sonderrolle neu. Man fühlt sich in Odessa sozusagen am Nabel der Welt. Und ob Weltstadt, Dorf, Planet oder Zentrum des Universums, wie manche meinen, Odessa ist und bleibt einzigartig, bezaubernd und unverwechselbar.

Geschichtsträchtig ist die Stadt allemal. Dem russischen Regisseur Sergej Eisenstein hat sie als Kulisse für seinen berühmten Film „Panzerkreuzer Potjomkin" gedient. Der legendäre Matrosenaufstand spielte sich auf den 192 Stufen der Potjomkin'schen Treppe ab. Ja und dann ist da noch die weltberühmte Oper, die von den österreichischen Architekten Fellner und Helmer entworfen wurde. Gründe gibt es also genug, der Stadt einen Besuch abzustatten. Zumal man seit der sogenannten orange Revolution (2006) die Ukraine mühelos ohne Visum besuchen kann (siehe Einreisebestimmungen auf Seite 154).

Einmal in der Stadt angekommen, helfen zahlreiche kompetente örtliche, Deutsch sprechende Reiseleiter/Innen, sich in Odessa zurechtzufinden. Für Ihre individuelle Planung will Ihnen dieses Buch Hilfestellung leisten und Sie bei Ihren Streifzügen durch die Stadt des Tourismus, des regen Geschäfts-

José de Ribas

lebens, durch die Stadt des Handels, der vielen Nationalitäten, der Musik, der kulinarischen Genüsse, durch das Odessa der Dichter und Schriftsteller sowie der Gaukler und Komödianten begleiten.

Selbstverständlich gehört zum Alltag in Odessa der Humor und liegen Gegensätze aller Art stets nahe beieinander. So brausen beispielsweise die teuersten Autos westlicher Hersteller mit hoher Geschwindigkeit über tiefe Schlaglöcher. Daneben balancieren elegant gekleidete Damen in hochhackigen Schuhen durch Baustellen. Teure

Katharinaplatz

Läden bieten ihre ausgefallenen Luxusgüter in maroden Gebäuden an. Neue, moderne Häuser (ent)stehen neben Ruinen.

So bedauernswert verfallen

Über den Dächern von Odessa

auch manche Ecke Odessas aussehen mag, jeder Stein dort kann Geschichten erzählen vom Charme, der die Stadt bis heute prägt und im historischen Zentrum geradezu aus allen Mauerritzen quillt.

Überall wird gebaut und renoviert, um die Stadt wieder zu dem attraktiven südukrainischen Reiseziel zu machen, das sie zu Zeiten der Gründung und den Jahrzehnten danach und sogar in der sowjetischen Zeit einmal war. Wenn Steuern oder das städtische Budget für dieses Unterfangen nicht ausreichen, werden auch radikale Methoden nicht gescheut. Geschäftsleute berichten davon, wie plötzlich eines Morgens auf Anweisung der Stadtverwaltung Bagger vor der Eingangstüre ihrer Büros und Läden die brüchigen Gehwege aufgerissen hätten. Die Geschäftsinhaber mussten den Bürgersteig auf eigene Kosten wieder herrichten.

Dass immer wieder mal das Wasser oder der Strom abgestellt wird, gehört, wenn Sie dieses Buch in Händen halten, sicherlich längst der Vergangenheit an. Sollte es dennoch einmal vorkommen, dass Sie im Dunkeln sitzen oder die Toilette bei Kerzenlicht mit Wasser aus dem vorher abgefüllten Kanister nachspülen müssen – nehmen Sie es mit Humor! Denn das ist das Einzige in Odessa, woran es nie mangelt. Der Humor hat seinen festen Platz in dieser außergewöhnlichen Stadt. Und jedes regionale oder weltpolitische Ereignis wird in Odessa sofort mit einem neuen Witz pariert.

Lebensfreude in Odessa

In Odessa wird gebaut

ВОКЗА

Odessas viele Völker und ihre Kultur

Vom deutschen Kirchturm bis zur arabischen Moschee

Ich lebte damals im Getümmel
Odessas, dieser staub'gen Stadt.
Die viel Verkehr, viel heitern Himmel
und einen lauten Hafen hat.
Dort wehen schon Europas Lüfte
dort streut der Süden Glanz und Düfte
pulsiert das Leben leicht beschwingt;
Italiens holde Sprache klingt
auf allen Straßen; hier Slowenen,
dort Spanier, Frankreich Griechenland
hat reiche Kaufherren her gesandt
Armenier feilschen mit Rumänen;
selbst aus Ägypten stellt sich dar,
Held Mor-Ali, der Ex-Korsar.

Alexander Puschkin,
aus dem Roman in Versen
„Eugen Onegin"

Schon die Straßennamen machen deutlich, wer hier lebt: Luthergasse, Jüdische Straße, Griechische und Bulgarische Straße, Italienische, Spanische, Polnische Straße, der Französische und Italienische Boulevard. Die Völker sind im Alltag präsent. Alle haben etwas zum heutigen Gesicht von Odessa beigetragen.
Manche sagen, Odessa sei von leichtlebigen Abenteurern gegründet worden. Andere meinen, es seien Romantiker gewesen, die die Stadt aufgebaut und mit ihrem Geist belebt hätten. Es mag beides richtig sein. In Odessa blüht das Geschäftsleben der Abenteurer genauso wie die Kultur der Romantiker. Odessa war schon seit der Gründung eine offene Stadt, die jeden willkommen hieß, der sich in ihr betätigen und etwas zu ihrem Wohl beitragen wollte (siehe Kasten: Geschichte von Odessa, S. 26).

Odessa wurde wie ein „gemeinsames Kind" von Griechen, Russen, Italienern, Deutschen, Ukrainern, Armeniern, Fran-

Französisches Kulturzentrum (D2)*
pl. Ekaterininskaja 5**
65026 Odessa
Tel. +380 /48/ 786 06 57, 786 92 36
E-Mail: cfdf@utel.net.ua
www.ambafrance.kiev.ua

* Lage auf dem Stadtplan ; **pl. = Ploschtschadj, in Deutsch: Platz

Griechisches Kulturzentrum (D3)
Krasnij Pereulok 16/20
65026 Odessa
Tel. +38 /482/ 35 71 36, +380/ 48/ 724 20 69, 724 22 54
Fax +380 /482/ 34 66 40
E-Mail: fondhc@te.net.ua
www.hfcodessa.org

zosen und vielen anderen Völkern gleichermaßen aufgezogen, versorgt und in seiner Entwicklung gefördert. Bis heute ist die Stadt ein Schmelztiegel der Sprachen und der Mentalitäten. Und nie käme jemand auf die Idee, zu überlegen, mit wem er gerade gesprochen hätte, ob dies ein Franzose, eine Bulgarin, ein Grieche, eine Deutsche, ein Russe, eine Italienerin oder sonst wer war. Auf die Frage nach dem Akzent lässt sich nach odessitischer Manier leicht mit einer Gegenfrage antworten: „Wer hat in Odessa keinen Akzent?" Die verschiedenen Völker schmolzen in Odessa von Anfang an zu einer bunten Masse zusammen, in der alle einfach Odessiten waren und bis heute sind. Allein die Zugehörigkeit zu dieser pulsierenden Stadt gilt von jeher wie ein eigenes Nationalitätsmerkmal.

Bulgarisches Kulturzentrum (D3)
ul. Vizeadmirala Schukowa 9
65026 Odessa
Tel. +380 /48/ 722 32 65, 722 64 04

Zwanzig Partnerstädte in der Welt belegen bis heute die Weltoffenheit Odessas: Alexandria, Baltimore, Genua, Haifa, Kalkutta, Konstanza, Liverpool, Lodsz, Marseille, Piräus, Regensburg, Split, Szeged, Tripoli, Valencia, Vancouver, Varna, Yokohama, Oulu, Zindao. Die multinationale Kultur wird nicht nur bei besonderen Anlässen zelebriert, sondern auch im Alltag miteinander gelebt. Die verschiedenen Kulturzentren bezeugen dies ebenso wie die vielen Veranstaltungen, die Griechen, Bulgaren, Araber, Deutsche, Italiener, Franzosen und die Vertreter aller anderen Nationalitäten im freundschaftlichen Miteinander und

Arabisches Kulturzentrum (D3)
ul.* Richeljewskaja 49**
65000 Odessa
Tel. +380 /482/ 37 91 60

mit teilweise gemeinsamen Kulturprogrammen durchführen. Rund 133 Nationalitäten sind offiziell in Odessa registriert und inoffiziell sollen es noch mehr sein. Einige haben seit gut zehn Jahren ihre eigenen Kulturzentren und sind mehr oder weniger organisiert.

*** ul.= uliza, in Deutsch: Straße

ehemals Café und Konditorei Liebmann

Zu den ältesten Volksgruppen in Odessa gehören neben Russen, Ukrainern, Griechen, Bulgaren, Armeniern, Georgiern, Polen und Moldauern die Deutschen. Allein schon durch den Gründungserlass von Katharina der Großen haben die Deutschen eine besonders enge und lange Verbindung zu Odessa entwickelt. Schließlich kamen sie Anfang des 19. Jahrhunderts auf Einladung der damaligen Zarin (deutscher Herkunft) als Kolonisten in das damalige Neurussland (heute ein Teil der jetzigen Ukraine) und siedelten sich im Süden des Landes und in Bessarabien (s. S. 105) an. Mit ihrem Fachwissen und ihrem Fleiß leisteten sie einen großen Beitrag zur Entwicklung des Landes. Von den fünf großen Mietshäusern, die es damals in Odessa gab, gehörten zwei deutschen Geschäftsleuten. 1803 entstand als erste deutsche Ansiedlung westlich von Odessa das Dorf Großliebenthal, das heutige Welikodolinskoje. Es folgten weitere Dörfer. Im Zuge der Massenauswanderung von deutschen Bauern, Handwerkern und Gelehrten aus Baden-Württemberg, dem Elsass und aus der Pfalz wurden im Laufe von zehn Jahren mehr als dreißig Siedlungen in der Umgebung von Odessa gegründet. 1897 lebten in der Stadt mehr als zehntausend Deutsche. Die fleißigen Kolonisten verwandelten die Steppe in blühendes Ackerland. Mit ihrer Arbeit und ihrem Kapital stärkten sie die Wirtschaft der Region. Deutsche waren führend in der Landwirtschaft, im Weinbau, in der Tierzucht und bei der Herstellung von Seide und

Tabak. Auch die ersten Optiker, Waffenschmiede, Pharmazeuten und Goldschmiede in Odessa waren Deutsche. Neue Industriebranchen, die man damals in Odessa nicht kannte, Seifensiedereien, Betriebe zur Herstellung von Uhren sowie Brauereien, wurden von Deutschen eingeführt. Zu Ehren eines damaligen Brauereibesitzers wurde eine Biersorte „Wilhelm Sanzenbacher" genannt. Deutsche Fabrikanten begannen Farben und Lacke zu produzieren. Einige Betriebe, die von Deutschen gegründet wurden, zum Beispiel einer zur Herstellung landwirtschaftlicher Werkzeuge und eine Schiffswerft, arbeiten bis heute.

Sehr populär war zu dieser Zeit das Café Liebmann. Es befand sich in dem Eckhaus schräg gegenüber dem Ende der uliza Deribasowskaja, direkt neben der historischen Gajewskij-Apotheke. Es war nach seinem Gründer, dem Bäcker und Konditor Bernhard Liebmann, benannt. Vor allem die Künstler von Odessa schätzten das Kaffeehaus, weil man dort erlesenen Kaffee trinken, frische Brötchen und die besten Kuchen essen sowie aktuelle Zeitungen in Deutsch, Französisch, Italienisch und Griechisch lesen konnte.

Auch im Bildungswesen haben sich die Deutschen engagiert und das Richelieu-Gymnasium sowie die landwirtschaftliche und pädagogische Hochschule in Odessa mitbegründet. Zu den bekanntesten Universitätsprofessoren und Medizinern deutscher Abstammung dieser Zeit gehören der Botaniker und Zoologe Alexander Nordmann, der Biologe und Meeresforscher Ludwig Reinhardt, der Geograph Philipp Karl Brun,

Konservatorium Odessa

der Archäologe Ernst von Stern sowie der Mathematiker Nikolaus Lange.

Deutsche haben die zweisprachige „Odessaer Zeitung" in Russisch und Deutsch herausgegeben sowie die „Deutsche Rundschau". Auch musikalisch haben sie ihre Spuren hinterlassen und mehrere private Musikzentren gegründet. Eines davon wurde später das Konservatorium, das erst in jüngster Zeit in „Musikakademie Neschdanowa" umbenannt wurde. Dort hat der weltberühmte Pianist Swjatoslaw Richter studiert, zu dessen Ehren vor wenigen Jahren in Odessa eine Richter-Stiftung gegründet wurde.

Nicht zuletzt ist das europäische Aussehen der Stadt deutschen Architekten zu verdanken. Hermann Scheurembrandt, Waldemar Kundert, und Paul Ulrich Klein haben maßgeblich daran mitgewirkt. Und mit Hans Hermann kümmerte sich ein deutscher Gärtner auf Einladung von Herzog Richelieu fünfzig Jahre lang darum, die Schwarzmeersteppe zu kultivieren, in Odessa Bäume zu pflanzen, Gärten anzulegen und Blumen zu züchten.

Kriege, Deportationen, nationale und religiöse Verfolgungen führten in der ersten Hälfte des zwanzigsten Jahrhunderts dazu, dass die Deutsch sprechende Gemeinde dezimiert und alle ihre Errungenschaften fast völlig vernichtet wurden. Erst in der Neuzeit und verbunden mit der politischen Unabhängigkeit der Ukraine fließt in die alten historischen Beziehungen wieder neues Leben. Die ehemals nach Kasachstan und Sibirien deportierten Deutschen wurden in den Neunzigerjahren des zwanzigsten Jahrhunderts wieder im Süden der Ukraine angesie-

Haus der Kirche (B2)
ul. Nowoselskaja 68, 65023 Odessa
Tel. +380 /048/ 777 32 61 bis 64
E-Mail: kanz.lut@paco.net

Übernachtungsmöglichkeiten in einfachen, gepflegten Zimmern für ca. 30 Euro pro Nacht; 11 Zimmer mit insgesamt 16 Gästebetten vorhanden, Arbeitsräume und ein Aufenthaltsraum stehen auch Reisegruppen aus Deutschland zur Verfügung. Direkt neben dem „Haus der Kirche" wird die Ruine der historischen lutherischen Kirche (Ende 19. Jahrhundert) renoviert. Damit verbunden entsteht das neue deutsche „Zentrum St. Paul" für Kultur und Wirtschaft.

delt. Damit einher gingen 1993 die Gründung des Bayerischen Hauses in Odessa und das Wiederaufleben des Gemeindelebens der evangelisch-lutherischen Kirche St. Paul in Odessa. Dass die Geschichte präsent ist, merkt, wer diese Kirche sucht. Denn sie ist in ganz Odessa unter dem deutschen Wort Kirche bekannt. Wer mehr wissen will, kann mit Elwira Plesskaja-Seybold einen Rundgang durch das Viertel machen, in dem die Deutschen wohnten. Kontakt über das „Haus der Kirche".

In den letzten zehn Jahren entstanden auch die Kulturzentren der anderen Nationalitäten. Pflegen viele von ihnen eher unscheinbar ihren Geschäftsbetrieb in gewöhnlichen Wohnhäusern, so bereichern andere mit ihrem besonderen Äußeren die Stadt. Ein Beispiel dafür ist das Arabische Kulturzentrum in der uliza Richeljewskaja. Jede Gruppe trägt auf ihre Weise zu einem vielfältigen Kulturleben der Stadt bei. Fast alle unterhalten eine Bibliothek, einen Chor, bieten Sprachkurse an, führen Ausstellungen und Wettbewerbe durch, fördern den Austausch mit Jugendlichen ihrer Heimatländer und feiern in Odessa jeweils ihre nationalen Feiertage.

Von all den Völkern, die Odessa prägten, haben die Juden besonders nachhaltige und unübersehbare Spuren hinterlassen. 1769 durften sie auf Geheiß von Katharina II. an der nördlichen Schwarzmeerküste eine neue Region besiedeln. Im Laufe der Jahre erhielten die jüdischen Siedler Privilegien, die sonst keine Gemeinde in Osteuropa genoss. Die Juden prägten sowohl den ganzen Landstrich als auch später das öffentliche Leben von Odessa.

Ende des 18. Jahrhunderts waren zehn Prozent der Bevölkerung Odessas Juden. Sie betätigten sich im Handel, in

Bayerisches Haus Odessa (D3)
ul. Uspenskaja 60, 65045 Odessa
Tel. +380 /482/ 49 60 96, +380 /48/ 715 01 20
Fax +380 /482/ 34 52 76; E-Mail: v.Ken@paco.net
Internet: http://bayernhaus.odessa.ua

Kulturelle Veranstaltungen, Lesesaal des Goethe-Instituts integriert; regelmäßige Vorführung deutscher Filme; Sprachkurse in Deutsch, Ukrainisch, Russisch; Wirtschaftsförderung, Sozialarbeit.

Odessitische Juden heute

Finanzgeschäften und bei der Leitung der Stadt. Die Stadtväter de Ribas, Richelieu und Woronzow pflegten während ihrer Regierungszeit eine besonders innige Beziehung zur jüdischen Gemeinde.

Vor allem bei der Entwicklung von Kunst und Musik in Odessa leisteten die Juden einen großen Beitrag. Die Klassiker der großen jüdischen Literatur wie Mendele Mojcher Sforim und Scholem Alejchem schrieben viele ihrer Werke in Odessa. Große Interpreten wie der Pianist Emil Gilels, die Geiger David Oistrach und Michael Goldstein sind mit der Stadt aufs Engste verbunden und in die internationale Musikgeschichte eingegangen. Gedenktafeln an den Häusern, in denen sie im alten Stadtkern lebten, etwa in der Pereulok Tschaikowskogo oder der ul. Bunina, weisen auf sie hin. Auch die Atmosphäre der Heiterkeit und Leichtigkeit, die Odessa umgibt, sei Verdienst der Juden, schrieb der bekannte, in Odessa geborene Schriftsteller Isaak Babel. Die Juden seien ein Volk, das einige einfache Dinge recht gut gelernt habe. „Sie heiraten, um nicht einsam zu sein, sie lieben, um Jahrhunderte zu leben, sie häufen Geld an, um Häuser zu haben und ihren Frauen Persianer schenken zu können. Sie sind kinderlieb, weil es sehr gut und notwendig ist, seine Kinder zu lieben." Die Juden seien

Israelitisches Kulturzentrum (D3)
65026 Odessa
ul. Pastera 11
Tel. +380 /48/ 723 40 80, 723 02 05, 723 44 11
Fax +380 /48/ 723 61 06
E-Mail: icc@center.ua
www.centec.center.odessa.ua

zwar häufig von Gouverneuren und anderen Mächtigen eingeschüchtert worden, aber nicht leicht aus ihrer Position zu verdrängen gewesen.

Der Genozid des Zweiten Weltkriegs verschonte auch die Juden in Odessa nicht. Von den einhundertachtzigtausend Juden, die vor dem Krieg in Odessa lebten, wurden viele vernichtet oder in Lager deportiert. Ein Holocaust-Mahnmal auf dem Prochorowsky-Platz erinnert daran. Zahlreiche Juden haben seither Odessa für immer verlassen. Heute leben etwa zehntausend Juden in Odessa.

Im „Zentrum der jüdischen Kultur" werden jüdische Sitten und Gebräuche thematisiert. In Veröffentlichungen wird die religiöse Bedeutung der jüdischen Feiertage erklärt. Gedichte aus dem Ghetto und andere Texte erinnern an den Massenmord an Zehntausenden odessitischer

Internationaler Club
der Odessiten (D3)
65014 Odessa
ul. Maraslijewskaja 7
Tel. +380 /48/ 725 45 67
+380 /48/ 724 01 35
E-Mail: inpr@eurocom.od.ua
www.odessitclub.org

Juden durch die Nationalsozialisten und an die Repressalien des Spätstalinismus.

Nicht nur Juden, auch viele Odessiten anderer ethnischer Gruppen haben die Ukraine verlassen und leben jetzt im Ausland. Viele von ihnen bleiben ihrer Heimatstadt als Mäzene und Gönner eng verbunden. Einige von ihnen haben den internationalen Club der Odessiten gegründet. Der Club unterhält ein Büro in Odessa, veranstaltet Ausstellungen, Konzerte und Konferenzen und ist im Internet präsent.

Holocaust-Denkmal in Odessa

Poetisches Odessa

Odessa ist nicht nur die Heimat vieler berühmter Musiker, sondern auch zahlreicher Schriftsteller und Dichter: Walentin Katajew, Wera Inber, Semjon Kirsanow, Jurij Olescha und Kornej Tschukowskij stammen aus Odessa. Iwan Bunin wurde für seine literarischen Leistungen der Nobelpreis verliehen. Mit Odessa sind die Namen von Alexander Puschkin, Alexander Kuprin und Konstantin Paustowskij eng verbunden. Sie lebten und arbeiteten in Odessa und schrieben auch über die Stadt.

Viele von ihnen, wie Anna Achmatowa, Eduard Bagrizkij, Ilja Ilf, Eugen Petrow, Walentin Katajew und Isaak Babel, verließen später Odessa, zogen nach Moskau und St. Petersburg und machten dort Karriere. Alle haben sich aber die Liebe zu Odessa bewahrt und diese häufig auch in ihrem Schaffen ausgedrückt. Die junge Dichterin Anna Achmatowa nannte ihr erstes Poem „Am Ufer des blauen Meeres". Der Dichterin zu Ehren wurde bei der „12. Station der großen Fontäne", wo sie geboren wurde und aufgewachsen ist, ein Denkmal aufgestellt.

Überhaupt lieben es die Odessiten, Denkmäler aufzustellen, für die, auf die sie stolz sind, oder nach ihnen Straßen zu benennen. Dem Dichter und Schriftsteller Alexander Puschkin zu Ehren wurden gleich zwei Denkmäler in der Stadt gewidmet und eine Straße nach ihm benannt (siehe Beschreibungen Puschkin-Denkmal im Kapitel „Die Stadt entdecken" ab S. 43). Nach dem Dichter Eduard Bagrizkij ist eine Straße benannt. Er gehört zu den prominentesten russischen romantischen Dichtern der Zwanziger und Dreißiger Jahre. In seinen Werken besang er die Oktoberrevolution von 1917 und die Enthusiasten, die den jungen sowjetischen Staat aufbauten und an eine glückliche Zukunft glaubten.

Und natürlich gehören die Schriftsteller Ilja Ilf und Eugen Petrow mit ihren Werken „Die zwölf Stühle" und „Das goldene Kalb" zu Odessa. Hauptheld in ihren Büchern ist stets der sympathische, schlagfertige und abenteuerlustige Mensch. Kurzum der, den es nur in Odessa gab und gibt. Viele Redewendungen und Ausdrücke aus diesen Büchern sind in die Sprache der Odessiten eingegangen und werden in der täglichen Rede verwendet. Damit diese nicht nur Odessiten verstehen, hat man ein Wörterbuch der odessitischen Sprache herausgegeben.

Gelehrtes Odessa

Nicht nur Poesie, auch die Wissenschaft ist in Odessa zu Hause. Gelehrte von Weltrang aus Odessa haben Wissenschaft und Forschung mit ihren Entdeckungen bereichert. Drei von ihnen haben die Odessaer medizinische Hochschule gegründet: der russische Chirurg Pirogow, der Physiologe und Psychologe Iwan Setschenow und der Biologe Ilja Metschnikow. Die von ihnen ins Leben gerufene Fakultät entwickelte sich zu einem der größten Zentren der medizinischen Forschung und Ausbildung im Süden der Ukraine. 1936 entstand in Odessa auf Betreiben des bekannten sowjetischen Augenarztes Wladimir Filatow die berühmte Augenklinik: das Institut für Augenkrankheiten und Gewebetherapie. Bis heute ist die Filatowklinik bei Patienten aus der Ukraine und der ganzen postsowjetischen Region beliebt.

Hervorragende Gelehrte, wie die Begründer der Raumfahrttechnik, Walentin Gluschko und Sergej Korolew, waren in Odessa zu Hause. Walentin Gluschko hat sich durch die Entwicklung von Raketentriebwerken einen Namen gemacht. Unter der Leitung von Sergej Korolew, der zwar in Schitomir geboren, aber in Odessa aufgewachsen ist, wurden die Raumschiffe „Wostok" und „Woschod" gebaut. Sie transportierten die ersten Menschen ins Weltall, die die Raumschiffkapsel sogar verlassen haben. Korolew hat Raketen, Satelliten, Sonden, Raumfahrzeuge und Trägerraketensysteme entwickelt. Mit Hilfe der Korolew'schen Technik wurden Satelliten auf die Erdumlaufbahn geschickt und unbemannte Weltraumstationen zum Mond, zur Venus und zum Mars.

In Odessa arbeitete und unterrichtete längere Zeit der russische Chemiker und Begründer des Periodensystems der chemischen Elemente, Dmitrij Mendelejew. Stolz sind die Odessiten auf ihren Landsmann George Gamow. Er wurde in den USA zum anerkannten Physiker. In zahlreichen Arbeiten erforschte er die Struktur der Atomkerne, wandte die Quantentheorie auf den Alphazerfall von Atomkernen an, widmete sich der Theorie des Betazerfalls und der schwachen Wechselwirkung, thermonuklearen Reaktionen sowie der Entstehung chemischer Elemente. Gamow förderte die Vorstellung vom expandierenden Weltall und prägte die Bezeichnung „Big bang" für den Urknall. Seine Beiträge trugen zur Popularisierung der Physik bei.

Odessa – wie es wurde, was es ist

„Es hatte, wer es wollte", hört man heute leger über die Gründung und die Entwicklung von Odessa sagen. So genau nimmt man es damit nicht. Einige Eckdaten gibt es aber dennoch: Zwischen dem 6. und 4. Jahrhundert v. Chr. besiedelten die Griechen das Gebiet nördlich des Schwarzen Meeres, das sie „Pont Euxinus", gastfreundliches Meer, nannten, und gründeten 647 v. Chr. die altgriechische Stadt Borisphen. Später bewohnten Sarmaten, Skythen, Goten und Kimmerier das Land. Im ersten Jahrhundert nach Christus beherrschten es die Römer. Danach wurden die Slawen dort ansässig. Immer wieder fielen Tataren und Mongolen in deren Siedlungen ein. Im 13. und 14. Jahrhundert nahmen sie das Land ein und verleibten es ihrem mächtigen Staat „Goldene Horde" ein.

Odessa als Stadtname:

Es gibt einige Versionen über die Entstehung des Namens der Stadt. Eine davon besagt, dass der Stadtname von der altgriechischen Kolonie Odessos abgeleitet wurde, die da gelegen haben soll, wo heute Odessa liegt. Auch wollte man auf russische Art mit diesem weiblichen Namen die damalige Herrscherin Russlands, Katharina II., als Frau an der Macht, ehren. Später wurde allerdings festgestellt, dass die altgriechische Kolonie Odessos an der Stelle der heutigen bulgarischen Stadt Varna lag.

In der zweiten Hälfte des 15. Jahrhunderts kamen die Türken in das Gebiet des heutigen Odessa, gründeten dort die Siedlung Chadschibej und befestigten sie 1764 durch die Festung „Eni Dunja", was so viel wie neue Welt bedeutet. Im Jahr 1789 eroberten russische Truppen unter der Leitung von Admiral de Ribas das Gebiet nördlich des Schwarzen Meeres. Die Region erhielt den Namen „Neues Russland". Neben ukrainischen Kosaken und Bauern siedelten sich vor allem Soldaten und Matrosen an, die an den Feldzügen des russischen Generalfeldmarschalls Suworow teilgenommen hatten. Am 27. Mai 1794 wurde der entscheidende Erlass der Zarin Katharina der Großen verabschiedet. In ihm heißt es: „Der günstigen Lage von Chadschibej Acht gebend, finden wir es für vorteilhaft, hier einen Marine- und Handelshafen zu gründen". Am 2. September 1794 wurde der Grundstein zum Bau des Hafens gelegt. Im Jahr darauf wird die Stadt Chadschibej umbenannt und erhält ihren heutigen Namen Odessa.

Dank der günstigen geographischen Lage entwickelten sich die Stadt und der Hafen zusehends. Bereits zu Beginn des 19. Jahrhunderts war

Odessa zu einem der bedeutendsten Häfen Russlands von gleichzeitig internationalem Rang geworden. 1817 erhielt Odessa den Status Porto franko und bekam das Recht zum zollfreien Handel, was die junge Stadt bald in ganz Russland populär machte. Odessa war damals das Zentrum des Getreidehandels und übertraf im Außenhandel zum Ende des 19. Jahrhunderts sogar den Hafen von St. Petersburg.

Zur Zeit der Gründung lebten etwa zweihundert Menschen in Odessa. Nach nur zwei Jahren waren es schon dreitausend. Um den Aufbau der Stadt zu fördern, hatte Admiral de Ribas Vergünstigungen für diejenigen geschaffen, die sich in Odessa eine Existenz aufbauen wollten. Die Neuankömmlinge waren die ersten fünf Jahre von Steuern befreit, erhielten kostenlosen Boden und weitere Anreize, sesshaft zu werden. Dies lockte vor allem viele Italiener, Franzosen, Griechen, Albaner, Bulgaren, aber auch Angehörige anderer Nationalitäten in die Stadt.

Auf Einladung der Zarin Katharina der Großen kamen auch zunehmend Deutsche in das neu erschlossene Gebiet des südlichen Russlands. Auch die deutschen Siedler erhielten als Geschenk große Grundstücke, wurden für zehn Jahre von den Steuern befreit. Als weitere Privilegien zum Dank für die Erschließung des Landes wurden ihnen die freie Religionsausübung und die Befreiung vom Militärdienst zugesagt.

Bis zum Anfang des 19. Jahrhunderts kam so ein buntes Völker- und Sprachengemisch in Odessa zusammen. Die Verständigung war problemlos. Im Notfall benutzte man, wie überall auf der Welt, auch Hände und Füße dazu. Deshalb, so eine echte Odessaer Anekdote, sind die Bürgersteige bis zu acht Meter breit. Wenn sich nämlich zwei Paare begegneten, sollten sie genug Platz für ihre Begrüßung haben.

Nach der Oktoberrevolution von 1917 kam die Industrie nach Odessa. Über einhundertfünfzig Betriebe wurden neu errichtet. Zu den wichtigsten Unternehmenszweigen gehörten damals wie heute Maschinenbau, Metall verarbeitende Industrie, Leichtindustrie und die Nahrungsmittelindustrie. Mit dem Aufbau des neuen Hafens Juschnij (östlich von Odessa) wurde auch die chemische Industrie in Odessa ansässig.

Während der Sowjetherrschaft ordnete sich das Leben in Odessa dem herrschenden System unter. Vieles verschwand aus dem Alltag, einzig der Humor der odessitischen Bevölkerung widerstand jedem politischen Zwang.

Monumentale und traditionsreiche Oper

Ein Prunkstück österreichischer Architektur und anderes aus Musik und Kultur

„Allein des Theaters wegen würde ich gern in Odessa bleiben", schrieb der weltbekannte Bass Fjodor Schaljapin 1899 nach seinen Auftritten in der Odessaer Oper begeistert an einen Freund in St. Petersburg. Es ist ohne jeden Zweifel ein außergewöhnliches Theater. Das Gebäude umgibt eine besondere Aura. Drinnen weht ein Mythos durch die Gänge, der seit seinem Einzug dort unaufhörlich kultiviert wird. Schaljapin verglich das Gebäude mit einem „wunderschönen Tempel". Schon vom Hafen her ist dieses Prachtstück der Stadt unübersehbar. Wegen seines architektonischen Prunks gilt es als eines der schönsten Opernhäuser der Welt. Es braucht den Vergleich mit der Mailänder Scala, der Pariser Oper, der Wiener Staatsoper und der New Yorker Metropolitan Opera nicht zu scheuen. Plüsch, Marmor, Blattgold, edle Hölzer sowie fein geschliffenes Glas schmücken die großen Hallen, Foyers und Treppen im Inneren sowie die zahlreichen Säulen und Balustraden. Es ist wirklich alles Gold, was da glänzt. Nach zwölfjähriger Renovierung wurde sie im Jahr 2007 wieder eröffnet und gleich zur Nationaloper aufgewertet. Glattes Holz und frischer roter Samt auf den Stühlen, ein neuer Bühnenvorhang, verbesserte Technik, neue Fußböden und

eine erneuerte Heizungsanlage tragen diesem Status Rechnung. Die berühmte „weiße Galatreppe" führt zu den oberen Rängen. Von dort ist der riesige Kronleuchter aus Kristall mit seinen mehr als zwei Tonnen Gewicht zu bewundern. Der

Viel Gold im Inneren

Saal ist für seine unvergleichliche Akustik berühmt. Ein Flüstern auf der Bühne ist noch in der letzten Reihe zu hören.

Außen ist die Oper unverkennbar das Werk der beiden Wiener Architekten Fellner und Helmer. Bei einem internationalen Wettbewerb Ende des 19. Jahrhunderts kam ihr Entwurf für ein neues Opernhaus im Stil des Wiener Barocks auf den ersten Platz. Das alte Theater war einem Brand zum Opfer gefallen. Links über dem Haupteingang sieht man die Skulptur von Orpheus mit seiner Harfe. Er symbolisiert die Oper. Rechts, ihm gegenüber, lehrt die Muse Terpsichore ein Mädchen das Tanzen: Symbol für das Ballett. Über dem Haupteingang thront Melpomene aus der griechischen Mythologie, die Schutzpatronin der Kunstform „Tragödie", gezogen von einem Vierergespann mit Panthern. Zwei Skulpturengruppen im äußeren Eingangsbereich stellen Szenen aus Theaterstücken der altgriechischen Dramatiker Euripides und Aristophanes dar.

Im 19. Jahrhundert war es das einzige Theater auf dem Territorium des damaligen Neurusslands. Es wurden darin nicht nur Opern und Ballette, sondern auch Dramen aufgeführt. Das spätere „Akademische staatliche Theater für Oper und Ballett", so die offizielle Bezeichnung, war immer ein Platz, der berühmte Sänger und Komponisten anzog. Ende des 19. Jahrhunderts dirigierte der Komponist Peter Tschajkowski hier seine Oper „Pique Dame". Nikolaj Rimski-Korsakow und Alexander Glasunow führten ihre Werke unter eigener Leitung auf.

Melpomene in der Kutsche, gezogen von vier Panthern

Schon bei der Gründung der ersten Oper vor fast zweihundert Jahren hatte Herzog Richelieu verstanden, dass der Mensch nicht vom Brot allein lebt. Als Bürgermeister von Odessa und Gouverneur der Region hatte er im Auftrag Zar Alexanders I. ein Theater bauen lassen, um die Region kulturell und wirtschaftlich emporzubringen. Richelieu wollte nämlich das Leben in der damals rund zehntausend Einwohner zählenden Stadt auf europäisches Niveau anheben und ein internationales Publikum mit Geschäftsinteressen anziehen. Zu dieser Zeit gab es nur in den Metropolen Moskau und St. Petersburg Theater, nicht aber in vergleichbaren Städten wie Odessa. Alexander I. bewilligte ihm dennoch für den Bau der Oper eine für die damalige Zeit beispiellose Summe von zwanzigtausend Rubeln. 1809 war das erste Theater der Stadt fertig und gleich für drei Jahre im Voraus ausgebucht. Für die Verdienste um die Stadt und die Region wurde Graf Richelieu 1828 am oberen Ende der Potjomkin'schen Treppe ein Denkmal gesetzt (siehe auch Kapitel „Die Stadt entdecken" ab S. 43).

Bereits zur damaligen Zeit, als der Dichter Puschkin wegen satirischer und politischer Gedichte aus Moskau unter anderem nach Odessa verbannt war, galt die Oper in Odessa als Kontrollpunkt für Qualität. Und noch heute erzählt man sich in Odessa stolz, ein Engagement als Sänger/in oder Musiker/in in der Odessaer Oper sei gleichbedeutend gewesen mit einem Gütesiegel für Qualität und damit wie eine Eintrittskarte zu allen großen Bühnen der Welt.

Das heutige Theater ist ein Prunkstück, auf das die Stadt mit Recht stolz sein kann. Es war für Odessa in den vergangenen Jahren leider auch das Sorgenkind Nummer eins. Denn schon mehr als einmal hieß es, das prachtvolle Opernhaus werde ins Meer absinken, in sich zusammenfallen und dem Erdboden gleich werden. Freilich waren solche Schreckensszenarien stets übertrieben, im Kern aber wahr. Denn seit seiner Erbauung (1884–1887) war das Theater vom Absinken bedroht.

Bereits dreizehn Jahre nach der Fertigstellung des Theaters waren erste Restaurierungsarbeiten nötig, um die erste Senkung zu beheben. Millionen von

Oper innen

Haarrissen hatten die Mauern durchzogen. Die unregelmäßige Belastung des drei Stockwerke hohen Gebäudes sowie das Nachgeben des Lößbodens wurden dafür verantwortlich gemacht. Das rund fünfzigtausend Tonnen schwere Gebäude bewegte sich kontinuierlich zum Meer hin. Dabei mag eine nicht unmaßgebliche Rolle spielen, dass die Gebäude im Zentrum von Odessa über Hohlräumen errichtet wurden. Diese entstanden, weil der Muschelkalkstein als Baumaterial zur Errichtung der Gebäude der Stadt aus dem Untergrund geholt wurde.

Foyer des Theaters

Um dem „Ausrutscher" Einhalt zu gebieten, wurden zahlreiche und lang andauernde Baumaßnahmen durchgeführt. Schließlich wurde Anfang dieses Jahrhunderts das Fundament der Oper mit insgesamt achtzehnhundert Stahlbetonpfählen grundlegend befestigt. Diese künstlichen Pfähle stützen heute das gesamte Fundamentband des Theaters. Jeder Einzelne von ihnen kann bis zu fünfzig Tonnen Gewicht aushalten, dreißig werden gegenwärtig jedem davon zugemutet. An verschiedenen Punkten eingebaute Sensoren haben seither gemessen, dass die Senkung des Theaters seit dem Mai des Jahres 2000 aufgehört hat.

Seit dem Jahr 1996 wurde die Oper mehr als ein Jahrzehnt lang restauriert. Die politischen Wirren der Perestroikazeit begünstigten undurchsichtige Machenschaften. Gelder, die für die Renovierung bestimmt waren, verschwanden. Schon mehrmals haben in den vergangenen Jahren kulturinteressierte Intellektuelle sowie Ensemblemitglieder der Oper odessitische Geschäftsleute mobilisiert, um die Oper „zu retten" und den Kampf gegen die Korruption zu gewinnen. Dies hat das Image der Oper angekratzt. Musikalisch muss sich das Haus nun wieder neu beweisen und für Odessa den früheren Ruf als Opern- und Musikstadt von Welt verteidigen. Schließlich stammen bekannte Virtuosen wie David Oistrach, Michael Goldstein, Elisaweta Gilels, Emil Gilels, Nathan Milstein und Swjatoslaw Richter aus Odessa und haben dort ihre Karriere begonnen. Auch heute gibt es zahlreiche gut ausgebildete junge Instrumentalisten und Sänger in Odessa. Leider verlassen viele

Nationales Akademisches Theater für Oper und Ballett (D2)
Per. Tschajkowskogo 1
Tel. +380 /48/ 729 13 18, 722 51 06, 725 24 08 und 722 22 30
Internet: www.opera-ballet.tm.odessa.ua
Der Spielplan hängt neben dem Theater aus. Es gibt Vorverkaufskassen in der Stadt. Lang im Voraus festgelegte Spielpläne sind noch nicht üblich.

Galakonzert zur Eröffnung

von ihnen nach der Ausbildung nicht nur das Konservatorium von Odessa oder die berühmte Stoljarskij-Musikschule, sondern häufig auch das Land. Sie können anderswo mehr verdienen. Wie in vielen westlichen Ländern sind auch in der Ukraine und in Odessa die Gelder für Kultur knapper als die für andere Haushaltsposten im Staatsbudget.

Es wird aber sicher die Zeit kommen, in der die Stadt ihre Musiker und Sänger wieder als ihr ureigenstes Kapital schätzen wird. Dann wird für diese, unterstützt durch materielle Anreize, das Leben und Arbeiten in der europäisch geprägten Stadt sicher wieder interessant sein.

Konzerte finden in der Philharmonie statt. Das Gebäude ist ein architektonisches Juwel und wurde in florentinischer Gotik von dem italienischen Architekten Alexander Bernadazzi entworfen. Das Ende des 19. Jahrhunderts errichtete Gebäude wirkt fast so mächtig und wuchtig wie eine Kathedrale. Innen ist es mit monumentalen Renaissance-Elementen, künstlichem Marmor und Naturstein ausgestattet. Eine breite Treppe aus Carraramarmor führt in den 900 m^2 großen Saal, der mit Holz getäfelt, mit Fresken und einer geschnitzten Kassetten-

Galatreppe

Kassettendecke der Philharmonie

decke geschmückt ist. Die üppige Dekoration sollte Reichtum und Wohlstand demonstrieren. Ursprünglich wurde das Gebäude als Börse gebaut und genutzt. Das hat bis heute Auswirkungen auf die Akustik. Der Architekt hatte nämlich den Auftrag, dafür zu sorgen, dass kein Dritter hören konnte, was zwei Geschäftsleute miteinander besprachen (siehe auch S. 60/61). Die Philharmonie unterhält ein eigenes Sinfonisches Orchester, das regelmäßig Konzerte gibt.

Philharmonie (D3)
ul. Bunina 15,
Ecke ul. Puschkinskaja
Tel. +380 /48/ 725 69 03
+380 /48/ 724 22 04
Internet:
www.odessaphilharmonic.org

Neben der Oper gibt es in Odessa noch vier weitere Theater:

Russisches Theater (D2)
ul. Gretscheskaja 48
Tel. +380 /48/ 722 45 04

Ukrainisches Theater (C1)
ul. Pastera 15
Tel. +380 /48/ 723 89 77

Theater des jungen Zuschauers (D2)
ul. Gretscheskaja 50
Tel. +380 /48/ 722 48 51

Operettentheater (E5)
ul. Pantelejmonowskaja 3
Tel. +380 /48/ 725 09 24

Weitere Konzertsäle befinden sich im Literaturmuseum in der ul. Lanscheronowskaja und im Konservatorium (Neschdanowa -Musikakademie).

Neschdanowa-Musikakademie (B2)
ul. Nowoselskogo 63
65023 Odessa
Tel. +380 /48 / 723 74 49
E-Mail: odma@te.net.ua

1809	Bau des ersten Stadttheaters in Odessa auf Betreiben von Herzog Richelieu im Auftrag von Zar Alexander I.
1873	Das Stadttheater fällt einem Brand zum Opfer
1874	Verordnung der Stadtduma zur Planung eines neuen Theaters für bis zu zweitausend Besucher in der zu dieser Zeit zweihundertfünfzigtausend Einwohner zählenden Stadt. Von über vierzig Entwürfen russischer und ausländischer Baumeister wurde kein einziger angenommen.
1882	Bitte an die österreichischen Architekten Fellner und Helmer um einen Entwurf. Bestätigung desselben durch Zar Alexander III.
1884	Beginn des Baus mit sechzehnhundert Plätzen durch den österreichischen Unternehmer Rudolf Frei.
1887	Am ersten Oktober Beendigung des Theaterbaus. Einschub des letzten Steins, nachdem ein Metallkästchen mit städtischen Dokumenten, Zeitungen, Brot und Wein ins Gemäuer (am Fuß des monumentalen Spiegels) gelegt wurde.
1925	Am 15. März Brand im Gebäude
1926	Ende der Renovierungsarbeiten
1967	Dritte Theaterrenovierung nach weiterem Brand
1996	5. April Erlass des Präsidenten der Ukraine „Über die Sicherstellung der Unversehrtheit der Odessaer staatlichen akademischen Oper". Öffentliche Bauausschreibung zur Befestigung des Fundaments.
1998	Am 14. September Beginn der Befestigung des Fundaments durch in die Erde gegossene Stahlbetonpfähle.
2001	Am 12. Oktober Abschluss der Fundamentbefestigung durch achtzehnhundert Stahlbetonpfähle. Dabei Eingrabung einer rostfreien Stahlplatte mit eingravierten Informationen zur Renovierung, zu Sponsoren und Zeitgeschehen.
2003	Beginn der Innenarbeiten
2004	Im April Schließung des Theaters zur Renovierung der Bühne und des Saales mit Rängen
2007	22. September Wiedereröffnung mit einem Galakonzert

Mit 1700 Plätzen ist die Oper in Odessa das größte Theater der Ukraine vor Kiew und Charkiw (je 1300 Plätze), Lemberg (1200 Plätze) und eines der größten der Welt.

Jazzkarneval und Jazzfest

Art Clubs und Musikkneipen bieten Alternativen zum eher traditionellen Kulturbetrieb von Oper und Philharmonie. Aber nur zwei Veranstaltungen sind mit ihrem Programm wirklich erfolgreich und schon lange auf der musikalischen Plattform etabliert: das Festival zeitgenössischer Musik „Zwei Tage und zwei Nächte” der Assoziation für zeitgenössische Musik und der seit dem Jahr 2000 etablierte „Jazzkarneval”. Typisch odessitisch kann man sagen. Beide sind schrill, skurril, witzig, einmalig und außergewöhnlich in Form und Dauer. Organisatoren sind der Jazzpianist und ehemalige Kulturreferent Juri Kusnezow als künstlerischer Direktor sowie der Geschäftsmann Michajl Frejdlin als Ideengeber und Produzent. Alljährlich Mitte September spielen vier Tage lang Musiker aus verschiedenen Ländern in der Philharmonie, in der Oper sowie unter freiem Himmel traditionellen Jazz und Improvisationen. Herausragendes Ereignis ist die Segeljazzregatta im Odessa-Jachtclub, wenn auf den Schiffen gejazzt und gefeiert wird.

Juri Kusnezow und Michail Frejdlin (Jazzkarneval)

Jazzfestival
Tel. + 380/ 48/ 760 10 93, +380 /67/ 997 41 43
Katharina spricht Englisch
freidlin2003@ukr.net
urkuz@ukr.net
jazzfest2004@ukr.net
www.jazzcarnaval.com.ua

48 Stunden im Musikrausch

Mit roten Augen sitzt das Publikum alljährlich Ende April achtundvierzig Stunden nonstop von neuer Musik begeistert wie in einem Rauschzustand ab. So etwas finde man nur in Odessa, meint der Ehrenpräsident des Festivals, Bernhard Wulff. „Es gibt wenige Städte auf der Welt, wo die Leute so offen sind. Die Odessiten haben ein besonderes Faible für skurrile Darbietungen und außergewöhnliche Veranstaltungsformen." Angefangen hat alles bei einem Glas Wodka auf einer Datscha, südlich von Odessa. Bernhard Wulff, der Prorektor der Freiburger Musikhochschule, suchte in der Rolle des Beauftragten für Auslandsbeziehungen geeignete Personen für die Vergabe von Kompositionsaufträgen. Wodka und Wein inspirierten gleich zu viel mehr, nämlich zu einem ganzen Festivalprogramm. Die schweizer Stiftung „Pro Helvetia", Sponsoren aus Odessa und andere Finanziers leisteten dem neuen Festival 1995 Geburtshilfe. Seitdem gilt der Musikmarathon in Odessa als renommierte Plattform für zeitgenössische Musik in der Ukraine. Gute Programmgestaltung mit Interpreten aus aller Welt sowie erfolgreiche Organisation haben dem Festival in mehr als zehn Jahren ein gutes Renommé eingebracht. Innovative Ideen sprudeln bei den Veranstaltern, der Komponistin Karmella Tsepkolenko und ihrem Mann Alexander Pereplitza, immer, auch wenn das Geld für die Durchführung manchmal knapp ist. Das Besondere: die Vermischung von Alltag und Theater – ein ausgesprochen odessitisches Ambiente.

Karmella Tsepkolenko

Assoziation für zeitgenössische Musik
Tel./Fax +380 /48/ 722 52 83
Tel. +380 / 67/ 708 90 37
E-Mail:
new_music@irf.odessa.ua
karmella@paco.net
www.anm.odessa.ua

Talentschmiede Odessa

Die Mädchen haben die traditionellen großen weißen Schleifen im Haar, die Buben sind fein gekleidet bei ihren Auftritten in der Öffentlichkeit. Sie repräsentieren die musikalische Zukunft und manifestieren die Hoffnung, dass Odessa die Musikstadt bleiben wird, als die es in die Geschichte eingegangen ist. Rund achtzig städtische und regionale Musikschulen gibt es im Odessagebiet. Alle Altersgruppen durchlaufen jedes Jahr neben dem normalen Schulunterricht die speziellen Musik und Kunstklassen. Die Stoljarskij-Musikschule an der Sabanejewbrücke ist eine der bedeutendsten darunter. Die Eltern investieren als neue Reiche der Ukraine in Bildung und Kultur für ihre Kinder und lassen kleine Balletteleven ausbilden oder die musikalischen Fähigkeiten ihrer Sprösslinge hervorkitzeln. Nicht jede/r ist ein Wunderkind, aber durch die fundierte musische Erziehung guter Pädagogen gelingt so manches kleine oder größere Wunder. Die Lehrer empfinden Freude bei dieser Aufgabe, aber Trauer über den Umstand, dass die Besten doch die Ukraine verlassen werden. Bis dahin aber wird so manches interessante Konzert zu erleben sein. Auch der alle zwei Jahre stattfindende **internationale Emil Gilels Klavierwettbewerb** ist mit seinen Abschlusskonzerten in der Philharmonie ein echter Geheimtipp. So mancher junge Meisterinterpret ist dort zu erleben.

Früh übt sich

Jedes Jahr im Mai/Juni finden in der Philharmonie die Kinderwettbewerbe **„Swésdotschka"**

Stoljarskij -Musikschule an der Sabanejew Brücke

(Sternchen) und **„Wesjólaja Raduga"** (lustiger Regenbogen) statt. Sie sollen die künstlerische Entwicklung von Kindern und Jugendlichen im Alter von sieben bis achtundzwanzig Jahren fördern. Bewertet werden deren Darbietungen in Musik, Tanz, Gesang oder ihre schauspielerischen Fähigkeiten. Es gibt keine Beschränkungen auf ein bestimmtes Genre. Ende Mai, zur Akazienblüte, findet alle zwei Jahre das Festival **„Weiße Akazie"** statt. Zwei Wochen lang geben namhafte Musiker aus der Ukraine, Russland, Deutschland, Österreich, Italien, Moldau, USA und der Schweiz in Oper, Philharmonie und Operette Konzerte in klassischer Musik, Jazz und Unterhaltungsmusik. Darunter beispielsweise der bekannte russische Bratschist Juri Bashmet mit dem Moskauer Kammerorchester.

Pläne und Programme sind in der Regel über Insider zu erfragen oder den Aushängen an den jeweiligen Konzertsälen zu entnehmen.

Kinderchor aus Moldau

Die Stadt entdecken

Die bauliche Szenerie im historischen Zentrum von Odessa wirkt geradezu wie das Bühnenbild eines soeben zu Ende gegangenen Stückes. Mit ein wenig Phantasie kommt man sich vor wie in einem Theaterstück, das in den letzten zweihundert Jahren spielt.

Allein wegen seiner immer noch zu bewundernden Bauten, Denkmäler und sonstigen Sehenswürdigkeiten ist Odessa eine Reise wert. An vielen hat der Zahn der Zeit genagt und sie sind renovierungsbedürftig. Der großbürgerliche Glanz der Zarenzeit bröckelt. Das phantastische Ensemble der alten Stadt wird für den oberflächlichen Besucher jedoch häufig überdeckt durch allzu Gegenwärtiges: Staub und Dreck von Dauerbaustellen.

Wer sich dadurch aber nicht den Blick trüben lässt, der erhält die seltene Chance, eine sich rasant entwickelnde Stadt zu erleben. Odessa ist auf dem besten Wege, bald wieder eine der schönsten Metropolen Europas zu sein. In allen Stadtvierteln wird Baufälliges abgerissen, aufgeräumt und Neues gebaut.

Die äußere Erscheinung der Stadt gleicht einem architektonischen Flickenteppich. Die Vertreter unterschiedlichster Stilrichtungen haben Odessa ihr spezifisches Aussehen gegeben. Da existieren friedlich nebeneinander gotische, romanische, arabische, griechische, klassizistische und jede Menge Bauten im eklektizistischen Stil. Nicht nur die prunkvollen Paläste, auch einfache Wohnhäuser im historischen Zentrum lassen bei aller Morbidität immer noch ihren individuellen Charakter erkennen.
Heute arbeiten die Architekten der Neuzeit am nächsten Akt. Manche davon knüpfen an ihre berühmten Vorgänger wie Franz Karl Boffo, Bauer Brunni, Lew Wlodek und Felix Gonsiorowskij, Giovanni und Gelogij Torricelli, Franz und Ilja Frapolli und Wiktor Schroeter an und bauen Häuser im alten Stil, die wie Paläste oder Festungen aussehen. Dazwischen schieben sich moderne Fassaden in die Höhe, aus Beton, Glas oder rotem Ziegel. Die Wände heutiger Gebäude sind sicher viel dünner als vor zweihundert Jahren. Das alte Odessa wurde überwiegend aus Muschelkalkstein erbaut. Das war zum einen das einzige Baumaterial, das damals zwischen Meer und Steppe zu finden war. Zum anderen war es auch das praktischste. Denn Muschelkalkstein hält sehr gut die Wärme und schützt gegen die Kälte. Deswegen wurden die Wände der meisten Häuser früher bis zu einem halben Meter und dicker gebaut.

Primorskij-Boulevard

Die Gebäude entlang des Primorskij-Boulevards sind die gute Stube der Stadt. Dieser Küstenboulevard ist eine der ältesten Straßen der Stadt und für die Odessiten der beliebteste Treffpunkt. Die prachtvollen Bauten aus den ersten Jahren des 19. Jahrhunderts sind harmonisch angeordnet. An diesem Boulevard befindet sich auch das alte und traditionsreiche Hotel „Londonskaja". Weiter entstanden unter der Leitung namhafter Architekten zahlreiche Paläste, wie der des Grafen Woronzow und der Fürstin Naryschkina, einer Angehörigen der Zarenfamilie. Beide Paläste wurden, ebenso wie die erste Odessaer Handelsbörse, von dem Architekten Franz Karl Boffo geplant. Boffo hat auch die Potjomkin'sche Treppe entworfen sowie über fünfzig Häuser, die heute fast alle unter Denkmalschutz stehen. Die vormalige Börse dient heute der Stadtverwaltung als Domizil.

Ungefähr in der Mitte wird der Boulevard durch einen halbrunden Platz geteilt, der rechts und links von zwei symmetrisch geschwungenen Gebäuden umrahmt wird. Auf diesem Platz, unmittelbar vor der Potjomkin'schen Treppe, wurde dem ersten Generalgouverneur des damaligen Neurusslands und ersten Oberbürgermeister von Odessa, Herzog Richelieu, 1828 ein Denkmal errichtet. Es war das erste Denkmal in der Stadt. Richelieu hatte sich um

Primorskij-Boulevard

die Stadt außerordentlich verdient gemacht. Während seiner Regierungszeit (1803–1814) begann Odessa zu einer der schönsten und reichsten Städte Europas aufzusteigen. Die Odessiten nennen ihn liebevoll einfach „Djuk", was im Französischen „Herzog" bedeutet. Ein Spaziergang unter den Kastanien- und Ahornbäumen ist zu jeder Jahreszeit schön. Besonders im Sommer flanieren auf dem fünfhundert Meter langen Boulevard neben den heimischen Odessiten jeden Alters auch zahlreiche Touristen. Denn es ist eine der wenigen Straßen Odessas, von der aus man einen direkten Blick auf das Meer hat.

Potjomkin'sche Treppe (D1, E1)

Man muss sie unbedingt einmal selbst gegangen sein und dabei die 192 Stufen dieser legendären Treppe gezählt haben. Am oberen Ende ist sie zwölfeinhalb, am unteren mit knapp zweiundzwanzig Metern fast doppelt so breit. Die Treppe ist ein einzigartiger Eingang vom Hafen her zum historischen Kern von Odessa. Auf einer Länge von 142 Metern, überwindet sie dreißig Höhenmeter und ist in zehn Treppenabsätze unterteilt. Dadurch gelingt eine einmalige optische Täuschung: Von unten sind nur die Stufen, von oben nur die gleichmäßigen Absätze sichtbar. Früher hatte sie zweihundert Stufen und führte direkt zum Meer. Beim Zählen der Stufen muss man aufpassen: Wer sich nämlich verzählt hat, gilt aus odessitisch-humorvollem Blickwinkel als ein Sünder, und die Menge der zu zählen vergessenen Stufen gibt die Menge der Sünden an.

Die Treppe wurde früher auch „Gigantische Treppe" oder „Nikolajtreppe" genannt. Erbaut wurde sie von 1837 bis 1841 von dem bekannten Architekten Franz Karl Boffo. Erst seit 1905 trägt sie zum Gedenken an die Ereignisse der ersten russischen Revolution den Namen Potjomkin'sche Treppe. Damals brach in Odessa ein Arbeiterstreik aus. Überall wurden Barrikaden errichtet. Es kam häufig zu bewaffneten Zusammenstößen. Auch auf dem Panzerkreuzer „Fürst Potjomkin-Tawritscheskij", der in Odessa vor Anker gegangen war, kam es zum Kampf. Die Matrosen hatten sich geweigert, verdorbene Nahrungsmittel zu essen. Bei der Meuterei wurde deren Anführer, der

Matrose Wakulentschuk, getötet. Es kam zu einer Eskalation. Die Beisetzung des Matrosen im Hafen geriet zu einer mächtigen Protestdemonstration der streikenden Arbeiter und aufständischen Matrosen. Weil die Masse den Stadtoberen Angst einflößte, provozierten diese einen Brand im Hafen. Unter dem Vorwand, den Brand und die damit verbundenen Ausplünderungen bekämpfen zu wollen, schickte der damalige Stadtrat bewaffnete Polizei und Kosaken unter das versammelte Volk (darunter waren mehrere Hundert friedliche Einwohner), um dieses auseinanderzutreiben. In der allgemeinen Panik begannen Kosaken und Gendarmen zu schießen. Dabei kamen etwa zweitausend Menschen ums Leben. Seit diesen tragischen Ereignissen nennt man die Treppe Potjomkintreppe. Der berühmte Stummfilm von Sergej Eisenstein aus dem Jahr 1924 gibt diese Ereignisse eindrucksvoll wieder. Die Potjomkin'sche Treppe und das Richelieu-Denkmal (gegenüber der Treppe) gehören zu den Wahrzeichen Odessas.

Von der Treppe aus hat man einen phantastischen Ausblick auf den Hafen, die Schiffsanlegestellen, das Hotel Odessa, die Hafenausfahrt mit dem Leuchtturm und das sich dahinter öffnende Schwarze Meer.

Potjomkin'sche Treppe

Denkmäler*

Apfelsine (D1) **

Dreitausend Apfelsinen wurden Anfang des 19. Jahrhunderts von Griechenland nach Odessa gebracht. Man wollte damit den damaligen Herrscher Paul I., den Sohn Katharinas der Großen, von der Notwendigkeit überzeugen, die Stadt weiter aufzubauen und den Ansässigen und Neuankömmlingen wieder Vergünstigungen zu gewähren.

Atlanten (D1)

Als Symbol der Gründer sind die Atlanten an vielen Stellen in Odessa zu finden. In der ul. Gogolja, in der ul. Uspenskaja und in vielen anderen Straßen tragen sie mit ihren Armen das Gewicht der Welt. Nimmt man es mit odessitischem Humor, kann diese mal mehr oder weniger wiegen, ja nach der Perspektive. Auf alle Fälle stützen die sagenumwobenen Steinfiguren in unterschiedlichen Größen

Atlanten in der Gogolstraße

ein wunderschönes Stück Erde dieser Welt. Hier zum Beispiel das Haus der deutschen Familie Pfalzfein. Sie kam Ende des 19. Jh. nach Odessa und ging hier ihren Geschäften nach

Kanonendenkmal (D1)

Die Kanone vor dem Rathaus erinnert an die erfolgreiche Verteidigung Odessas während des Krimkrieges (1854–1856). Im April 1854 wurde das anglo-französische Geschwader, das die Stadt erobern wollte, abgewehrt. Zur Erinnerung an die erfolgreiche Verteidigung der Stadt wurde eine erbeutete Kanone aufgestellt, die von der 1854 vor Odessa versenkten englischen Fregatte „Tiger" stammt.

* In alphabetischer Reihenfolge; **Lage auf dem Stadtplan

Katharinen-Denkmal (D1)

Ein majestätisches steinernes Abbild ehrt die Gründerin der Stadt, Zarin Katharina die Große. Die Sowjets hatten es weggeräumt und an seine Stelle zunächst ein Karl-Marx-Denkmal und später das Denkmal der aufständischen Matrosen vom Panzerkreuzer Potjomkin aufgestellt. Fragmente von Katharinas Büste wurden in der Zwischenzeit im Heimatkundemuseum aufbewahrt. Heute steht sie, allen Protesten ukrainischer Kosaken zum Trotz, wieder auf ihrem angestammten Platz, dem Katharinenplatz (Ekaterininskaja pl.). Zu ihren Füßen die ihr ergebenen Herren de Ribas, Potjomkin, de Volan und Subow. Die Straße und der Platz erhielten ihre Namen nach dem jeweiligen Denkmal. Die ehemalige und heutige Katherinenstraße (ul. Ekaterininskaja) hieß während der Sowjetzeit Karl-Marx-Straße.

Laokoon-Skulptur (D2)

Die Laokoon-Skulptur ist eine der gelungensten Kopien des bekannten Originals aus Marmor aus dem ersten Jahrhundert n. Chr. und stellt eine Episode aus der Mythologie um das Trojanische Pferd dar. Es zeigt den trojanischen Priester Laokoon mit seinen zwei Söhnen. Die Skulptur stand vor der Revolution von 1917 im Hof des Oberbürgermeisters von Odessa, Grigorij Marasli.

Marasli-Denkmal (E3)

Grigorij Marasli (1831–1907) war als Bürgermeister (1878–1895) und als führendes Mitglied der griechischen Gemeinde einer der wichtigsten Mäzene von Odessa. Er hat auf eigene Kosten Kirchen, Museen, Bibliotheken, Krankenhäuser und Tierheime bauen lassen. Für seine Verdienste wurden an dem Haus, in dem er lebte, zwei Gedenktafeln für ihn angebracht und in der nach ihm benannten Straße ein Denkmal aufgestellt, das am 2. September 2004 eingeweiht wurde.

Puschkin-Denkmal (D1, 2)

Gleich zwei Denkmäler stehen in Odessa zur Ehre des russischen Dichters Alexander Puschkin. Eines befindet sich gegenüber dem Rathaus, das andere am Eingang zum Puschkin-Museum in der Puschkinstraße. Das erste gehört aufgrund seiner Realitätsnähe zu einem der besten Puschkin-Denkmäler. Es wurde im Jahr 1888 zum fünfzigsten Todestag des Dichters aufgestellt. Die Bildhauerin Josefine Polonskaja wurde für dieses Werk mit der Goldmedaille der Petersburger Kunstakademie ausgezeichnet.

Der Aufenthalt Alexander Puschkins in Odessa verleiht der Geschichte der Stadt bis heute einen besonderen Glanz. Dass Puschkin nicht freiwillig kam,

Puschkin-Denkmal / Rathaus

zählt dabei schon längst nicht mehr. Er „lebte einst in Odessa", so ein häufig gebrauchter Ausspruch. Odessa lernte Puschkin von Kischinew, der Hauptstadt Moldaus, aus kennen. Von dort aus besuchte er das aufstrebende Odessa 1820 und 1821 und vielleicht auch 1822 und fand Gefallen an der Stadt. Dank einflussreicher Freunde wurde daraufhin sein Verbannungsort von Kischinew nach Odessa verlegt. Dort wohnte er insgesamt dreizehn Monate, in den Jahren 1823 und 1824. In der Kanzlei des damaligen Bürgermeisters von Odessa und Generalgouverneurs Neurusslands, Graf Woronzow, sollte er Dienst tun. Puschkin begann unter anderem im Richelieu-Gymnasium seine verbotenen politischen Werke zu verbreiten, deretwegen er in die Verbannung geschickt worden war. Mit diesen Gedichten agitierte er gegen das zaristische Regime und gegen die Leibeigenschaft in Russland. Konflikte mit dem Grafen waren unumgänglich. Graf Woronzow fürchtete zum einen den politischen Einfluss Puschkins, zum anderen störte ihn seine offenkundige Zuneigung zu seiner Gattin. Daher setzte er alles daran, um den Dichter aus Odessa zu entfernen.

Puschkin-Denkmal / Museum

Am 31. Juli 1824 musste Puschkin Odessa verlassen. Er wurde bis 1826 auf das Landgut seiner Eltern (nach Michajlowskoje, bei Moskau) verbannt. In nur dreizehn Monaten hat der Dichter in Odessa mehr als dreißig lyrische Werke verfasst, darunter die Gedichte „Brüder Räuber" und „Der Springbrunnen von Bachtschisaraj". Er begann die Arbeit an „Die Zigeuner" und schrieb in Odessa die ersten Kapitel des Romans in Versen „Eugen Onegin". Im Puschkin-Museum (siehe S. 61) sind Ausgaben seiner Werke, Briefe, Kopien und Handschriften, Grafiken, Bilder und Gegenstände des 19. Jahrhunderts ausgestellt, vor allem aus der Puschkin-Zeit (siehe auch Abschnitt Puschkin-Museum).

Richelieu-Denkmal (D1)

Mit seinem ausgestreckten Arm heißt Herzog Richelieu auf dem Sockel vor der Potjomkin'schen Treppe bis heute alle willkommen, die auf dem Seeweg nach Odessa kommen. Das Denkmal wurde 1828 errichtet. Man wollte damit den bedeutenden Franzosen ehren, der als erster Bürgermeister und späterer Gouverneur viel für die Entwicklung der Stadt Odessa getan hat. Auf seine Initiative hin wurde unter anderem das erste Theater in Odessa errichtet.

Richelieu-Denkmal

Unbekannter Matrose (F3)

Ein einundzwanzig Meter hoher Obelisk aus rotem Granit erinnert im Schewtschenko-Park, am Hochufer des Meeres, an die Soldaten, die während des Zweiten Weltkrieges bei der Verteidigung von Odessa umgekommen sind. Vor dem 1960 errichteten Denkmal brennt die ewige Flamme. Meist wird es symbolisch von Oberschülern bewacht.

Unbekannter Matrose

Woronzow-Denkmal

Woronzow-Denkmal (E3)

Auf dem Kathedralenplatz (Ploschtschadj Sobornaja) am Ende der ul. Deribasowskaja steht das Denkmal von Graf Michajl Semjonowitsch Woronzow. Er war von 1823 bis 1856 Oberbürgermeister von Odessa, Fürst Neurusslands und Generalgouverneur Bessarabiens. Woronzow galt als der reichste Mann Russlands. Er liebte die schönen Künste und war einer der beliebtesten Bürgermeister von Odessa. Unter seiner Führung wurden erstmals Schiffsrouten auf die Krim und nach Konstantinopel eingerichtet. Der Handel erfuhr durch ihn Aufschwung. Woronzow ließ Klöster und Kirchen bauen sowie die große Gorki-Bibliothek, die er noch mit eigenen Büchern bestückte. Auch die Errichtung der Potjomkin'schen Treppe mit dem an deren oberen Ende aufgestellten Denkmal zu Ehre seines Vorgängers Herzog Richelieu geht auf ihn zurück.

Odessa Mama (E3)

Als Symbol für Odessa gilt die Odessa-Mama, eine Skulptur im Garten des Literaturmuseums.

Odessa-Mama

Innenhöfe

Die Innenhöfe sind ein architektonisches Charakteristikum von Odessa. Häufig liegen mehrere Höfe hintereinander. Sie bieten immer auch eine gute Rückzugsmöglichkeit vom geschäftigen Treiben der Stadt. Zum Puschkin-Haus beispielsweise gehören drei Höfe. Ein Blick in die Höfe öffnet die Sicht auf Dinge, die man bei uns schon lange nicht mehr sehen kann. Sicher sind nicht alle Stücke geeignet für einen Antiquitätenladen. Oft sind es Überbleibsel aus dem Alltag des Kommunismus. Alle Höfe haben ihren besonderen Charme. Sie sind immer Treffpunkt für Jung und Alt. An lauen Sommerabenden sitzen dort die Bewohner der umliegenden Wohnungen und unterhalten sich mit den Nachbarn.

Paläste und Museen

In Odessa verstand man es zu allen Zeiten, gut zu leben. Das kann man an den Palästen erkennen. Sie gehörten Aristokraten und/oder reichen Geschäftsleuten, die durchweg einen guten Geschmack hatten sowie Sinn für Kultur und für das Prachtvolle. Odessa war eine sehr reiche Stadt. Geschäftsleute ließen sich gern dort nieder, bauten ein Haus nach dem anderen und gaben strahlende Bälle. Sie engagierten sich aber auch im öffentlichen Leben und unterstützten die Armen. Als Odessa drei Mal von der Pest heimgesucht wurde, haben Begüterte und Aristokraten Geld gesammelt, um die Epidemien zu bekämpfen und den Betroffenen zu helfen.

Schah-Palast

Neben den Palästen und Villen gab es auch attraktive Mietshäuser. Der ganze historische Stadtkern von Odessa bestand zu dieser Zeit aus prachtvollen Gebäuden. In ihnen wohnten Lehrer, Ärzte, Beamte und reiche Bürger in großzügigen Wohnungen. Mit Vorliebe wurde der Wohlstand nach außen gezeigt. Viele der in den Wänden eingelegten Mosaiken sind bis heute erhalten. Odessa erreichte seine Blütezeit in der zweiten Hälfte des 19. Jahrhunderts. Auch die Aristokraten aus Moskau schätzten die Stadt am Schwarzen Meer und bauten damals in Odessa Paläste, um mit ihren Familien den Sommerurlaub dort zu verbringen.

Während der Sowjetzeit wurden nahezu alle Paläste beschlagnahmt und für die verschiedensten Zwecke benutzt. Die alte Pracht ist auch heute noch zu erkennen. Sie wird nach wie vor liebevoll gepflegt. Viele Gebäude sind aber äußerst renovierungsbedürftig. Der Weg zu einer soliden Restaurierung ist häufig lang und bürokratisch.

Die schönsten Paläste sind in Museen umfunktioniert. Sehenswert sind sie allesamt. Wer nicht so viel Zeit hat, für den empfiehlt sich eine Auswahl aus den nachfolgenden Beschreibungen.

Archäologisches Museum (D2)

Das Archäologische Museum wurde 1825 gegründet und ist eines der ältesten der Ukraine. Es enthält zahlreiche und wertvolle Exponate der Völker, die schon sehr früh das Gebiet nördlich des Schwarzen Meeres besiedelten. Das Ägyptische Kabinett wird wegen seiner umfangreichen Sammlung gleich nach der St. Petersburger Eremitage und dem Moskauer Puschkin-Museum für bildende Kunst genannt. Sehenswert ist vor allem die „Schatzkammer", in der Schmuckgegenstände, Goldschmiedearbeiten, alte Münzen und Medaillen aufbewahrt werden. Ebenso attraktiv ist die Abteilung „Altertum". Hier finden sich Exponate, die bei Ausgrabungen in Olvia, Chersonnes und der altgriechischen Stadt Panthikopej, Tyras sowie anderen ionischen Kolonien und Niederlassungen der alten Griechen am Ufer des Schwarzen Meeres gefunden wurden.

Archäologisches Museum
ul. Lanscheronowskaja 4
geöffnet von 10 bis 17 Uhr
Tel. +380 /48/ 722 63 02

Gagarin-Palast

Im Gagarin-Palast befindet sich heute das Literaturmuseum (s. S. 59).

Gemäldegalerie (C1)

Die Gemäldegalerie befindet sich im ehemaligen Palast des Grafen Potozkij. Er hatte ihn 1804 als Hochzeitsgeschenk für seine Frau gebaut. Später ging der Palast in den Besitz des wohlhabenden Geschäftsmannes Marasli über, der ihn Ende des 19. Jahrhunderts der südukrainischen Kunstgesellschaft übergab. Heute befindet sich dort die Gemäldegalerie.

Gemäldegalerie
ul. Sofijewskaja 5a
geöffnet täglich außer Dienstags
von 10.30 bis 17.00 Uhr
Tel. +380 /48/ 723 82 72

Sie verfügt über eine umfangreiche Sammlung von Werken russischer und ukrainischer bildender Kunst sowie über nationales Kunstgewerbe aus dem 19. Jahrhundert. Ihr Bestand reicht von altrussischen Ikonen des 15. und 16. Jahrhunderts bis zu den Arbeiten moderner Künstler. In ihrem Besitz befinden sich Gemälde von Fjodor Rokotow, Roman Lewizkij, Wladimir Borowikowskij, Wasilij Tropinin, Iwan Ajwasowskij, Ilja Repin, Aleksej Sawrassow, Michajl Nesterow und weiterer russischer und ukrainischer Maler.

Haus der Wissenschaftler (früher Palast des Grafen Tolstoi) (D1)

Das Haus der Wissenschaftler besteht aus zwei Gebäuden. Das erste davon wurde von dem Architekten Franz Karl Boffo Anfang des 19. Jahrhunderts im klassizistischen Stil geplant und gehörte dem Grafen Tolstoi, einem Verwandten des berühmten Schriftstellers Tolstoi. In diesem Gebäude mit seinen weißen, rosa und grünen Marmorsälen ist heute das Familienmuseum untergebracht.

Das zweite Haus wurde von dem Architekten Hermann Scheurembrandt entworfen und in den Jahren 1896 und 1897 gebaut. Es gehörte dem

Haus der Wissenschaftler

Enkelsohn des Grafen Tolstoi, der mit Begeisterung Gemälde sammelte und das Haus seines Großvaters in ein Kunstmuseum verwandelte. Später hat er viele seiner Bilder der Gemäldegalerie vermacht. Dieses zweite Gebäude ist im Stil des üppigen Eklektizismus errichtet, der für Odessa am Ende des 19. Jahrhunderts typisch war. Innen ist es mit breiten Marmortreppen, großzügigen Balustraden, bemalten Decken und vergoldeten Ornamenten an Türen und Wänden sowie zahlreichen Marmorfiguren ausgestattet.

Haus der Wissenschaftler
Sabanejew Most 4
Führungen nur in Gruppen und auf Voranmeldung.
Kosten: 12 UAH (ca. 1,80 €) pro Person;
Gartencafé ab 12.00 Uhr bewirtschaftet, auf Wunsch Buffet und Kammermusik;
Tel. +380 /48/ 723 61 91, 723 08 19
Fax +380 /48/ 723 75 60

Das Haus der Wissenschaftler wird heute als öffentliches Gebäude benutzt. Hier finden Seminare, Vorlesungen, Symposien, Konzerte und Literaturabende statt. Auch werden dort Tanz- und Computerkurse sowie weitere Veranstaltungen angeboten.

Heimatkundemuseum (Nowikow-Palast)(D2)

Im Heimatkundemuseum findet man in Bildern und Exponaten die Geschichte der Nordschwarzmeerregion vom 14. Jahrhundert bis zur Gegenwart sowie die Entstehung Odessas dokumentiert. Auch an berühmte Persönlichkeiten, die am Aufbau von Odessa beteiligt waren, wird erinnert. Das Gebäude wurde 1876 nach einem Entwurf des Architekten Fjodor Gonsiorowskij erbaut und steht heute unter Denkmalschutz. Benannt ist es nach seinem damaligen Besitzer, Alexander Nowikow. Wie bei vielen anderen Gebäuden, ist auch mit diesem die Geschichte eines Familienunternehmens verknüpft. Großvater Ilja Nowikow kam als Kaufmann Anfang des 19. Jahrhunderts aus Zentralrussland nach Odessa. Das von ihm 1806 gegründete Seilwerk produzierte für den Hafen und existiert bis heute. Seine Produkte waren weltweit bekannt und erfreuten sich großer Nachfrage. Seit dem Zweiten Weltkrieg wird der Palast als Heimatkundemuseum genutzt.

Heimatkundemuseum
(Nowikowpalast)
ul. Gawannaja 4
geöffnet täglich außer Freitag von 10.00–17.00 Uhr Tel. +380 /48/ 726 14 24

Literaturmuseum (Gagarin-Palast) (E2)

In einem der schönsten Gebäude des historischen Stadtzentrums befindet sich das Literaturmuseum. Der ehemalige Palast des Fürsten Gagarin wurde 1842 im Stil des russischen Klassizismus errichtet. Die Sammlungen dieses literaturgeschichtlichen Museums belegen in chronologischer Folge die Entwicklung der vorrevolutionären sowie der sowjetischen Literatur im Süden der Ukraine und in Odessa vom Ende des 18. bis zum 20. Jahrhundert. Die Ausstellung ist hauptsächlich dem Schaffen einheimischer Dichter und Schriftsteller gewidmet. Es sind dort seltene Veröffentlichungen, Handschriften, persönliche Gegenstände und Fotografien von über dreihundert Schriftstellern gesammelt. In den Vitrinen sind Werke bekannter Dekabristen ausgestellt, die in den Zwanzigerjahren des

Goldener Saal des Literaturmuseums (Gagarin-Palast)

19. Jahrhunderts in Odessa ein Zentrum der Freidenker bildeten. Das literarische Leben im Odessa der Dreißiger und Vierzigerjahre des 18. Jahrhunderts präsentierte sich im Gewand der „Knischnaja Lawka" – den für diese Zeit typischen kleinen Buchläden. Auch innen ist der reich geschmückte Palast sehenswert. Im Goldenen Saal mit seinen kristallenen Lüstern und goldenen Wandornamenten und der grün-weißen Ausstattung umfängt einen, wie zu Puschkins Zeiten, das Flair eines adligen Literatursalons. Dieser Saal wird auch heute noch für diverse kulturelle Anlässe und Konzerte genutzt.

Literaturmuseum
(Gagarinpalast)
ul. Lanscheronowskaja 2
geöffnet täglich,
außer Montag, von
10.00 bis 17.00 Uhr
Tel. +380 /48/ 722 33 70
Fax 722 00 02

Museum der russisch-ukrainischen Militär- und Handelsflotte (D2)

Das Gebäude wurde 1846 nach dem Entwurf des Architekten Giovanni Torricelli errichtet und als englischer Club genutzt. Geschäftsleute von Odessa trafen sich dort zu Besprechungen. Das in seiner Art für die Ukraine einzigartige Schiffsmuseum fiel im Jahr 2005 einem Brand zum Opfer. Der verbliebene Teil der einst umfangreichen und sehenswerten Sammlung von Exponaten über die Geschichte des russisch-ukrainischen Schiffbaus und der Seefahrt bis zur Gegenwart wird für Publikum unzugänglich an ver-

Schiffsmodell

schiedenen Stellen in der Stadt aufbewahrt. Das Gebäude hat ein Geschäftsmann aufgekauft.

Museum für westeuropäische und orientalische Kunst (D2)

Das Museum für westeuropäische und orientalische Kunst ist eines der umfangreichsten seiner Art in der Ukraine. Es besitzt eine reiche Sammlung antiker westeuropäischer und orientalischer Kunstwerke. Größten Raum nimmt die westeuropäische Malerei mit Gemälden italienischer, französischer, flandrischer, holländischer und deutscher Künstler ein. Es sind Werke von Frans Hals, Michelangelo, Merisi da Caravaggio, Antonio Canaletto, Francesco de Guardi, Lucas van Leyden, David Teniers und anderen dort ausgestellt. Auch Vasen und Statuen aus dem alten Griechenland sowie Kunst aus China, Japan, dem Iran und Indien sind dort zu finden.

Der ehemalige Palast gehörte dem moldauischen Geschäftsmann Abasa, der, ähnlich wie andere auch, sein Domizil im eklektizistischen Stil durch den Baumeister Ludwig Otton in den Jahren 1856–1858 bauen ließ. Im Vestibül zieren kunstvolle Muster die Parkettböden. Die Decken sind mit Malerei und Stuck verziert und die Wände mit reichhaltigen Ornamenten versehen. Auf die Frage des Architekten nach dem gewünschten Baustil soll der Bauherr nach der für das Ende des 19. Jahrhunderts typischen Manier geantwortet haben: „Je üppiger, desto besser".

Museum für westeuropäische und orientalische Kunst
ul. Puschkinskaja 9
geöffnet täglich außer Mittwochs von 10.30 bis 17.30
Tel. +380 /48/ 722 48 15

Philharmonie (D2)

Das heutige Konzerthaus war früher eine Börse. Von daher rührt seine nicht besondere Akustik. Der italienische Architekt Bernadazzi hatte den Auftrag, ein Gebäude mit einem großen Saal zu entwerfen, in dem, wenn zwei Menschen miteinander sprechen, kein daneben Stehender etwas hören könnte. Der neunhundert Qua-

Philharmonie

dratmeter große Saal hat mit Holz verkleidete Wände und eine geschnitzte Kassettendecke (siehe auch Kapitel Oper und Musik, S. 36).

Philharmonie
ul. Bunina 15
Tel. +380 /48/ 725 69 03, 724 22 04

Puschkin-Museum (D2)

Das Puschkin-Museum ist eine Filiale des Literaturmuseums. Die Verbannung des russischen Dichters Alexander Puschkin, der in den Jahren 1823/24 in Odessa lebte (siehe Erläuterungen zum Puschkin-Denkmal), brachte der Stadt literarischen Ruhm ein.

Zu Ehren des russischen Dichters wurde die frühere Italie-

Hof des Puschkin-Museums

nische Straße, in der er damals wohnte, nach ihm benannt und sein ehemaliges Wohnhaus in ein Museum umfunktioniert.

Puschkin-Museum
ul. Puschkinskaja 13
geöffnet täglich außer Samstag und Sonntag von 10.00–17.00 Uhr
Tel. +380 /48/ 725 11 34 722 74 53

Rathaus (D1)

Das mit zwölf Säulen geschmückte Rathaus wurde 1834 als Börse von Odessa nach einem Plan des Architekten Franz Karl Boffo im klassischen russischen Stil gebaut. Nachdem Odessa sich rasch entwickelte, wurde den Geschäftsleuten das Gebäude zu klein. Sie ließen daher Ende des 19. Jahrhunderts eine neue Börse (heutige Philharmonie s. S. 36 und 60) bauen. Die ehemalige Börse beherbergt seither die Stadtverwaltung. In den Nischen der beiden Seitenflügel sind die alt-

Rathaus

römischen Götter Merkur und Ceres abgebildet. Auf dem Dach hat man zwei Frauenfiguren angebracht, die den Tag und die Nacht und zugleich den ewigen Bestand des Zarenregimes symbolisieren sollten. Denn so wie Tag und Nacht sich beständig abwechseln, so sollte auch ein Zar dem anderen die Macht ohne Ende weiterreichen. Vielleicht wurde gerade deshalb in diesem Gebäude 1918 die Sowjetmacht proklamiert.

Rathaus
Dumskaja Ploschtschadj 1
Stadtverwaltung
Tel. +380 /48/ 722 12 24

Woronzow-Palast (D1)

An der nordwestlichen Seite des Primorskij-Boulevards liegt der ehemalige Palast des Grafen Woronzow. Er war in den Jahren 1823 bis 1856 Oberbürgermeister von Odessa und Generalgouverneur Neurusslands. Geplant hat den Palast der Architekt Franz Karl Boffo im klassizistischen Stil. Der Woronzow-Palast war einstmals

Rathaus Uhr und Skulpturen

Woronzow-Palast

ein Prachtbau. Kristallleuchter, wertvolle Hölzer als Parkett, dekorative Wandmalereien verliehen ihm ein prunkvolles und zugleich majestätisches Aussehen. Noch heute strahlt beispielsweise der türkische Salon sein östliches Ambiente aus. Der denkmalgeschützte Palast soll auch innen renoviert werden. Zu ihm gehört ein Säulengang nahe dem Steilhang zum Hafen. Die zehn Paar geschwungenen Säulen sind vom Hafen aus gut zu sehen. Der Platz ist bei jungen Pärchen sehr beliebt.

Decke im türkischen Salon

Kaminzimmer

Woronzow-Palast
Per. Woronzowskogo
Tel. +380/ 48 /722 02 92

Säulengang mit Löwe

Kirchen und Klöster

In den ersten gut einhundertzwanzig Jahren ihres Bestehens wurden in der Stadt fast dreißig Kirchen und Klöster gebaut. In der sowjetischen Zeit wurde die Religionsausübung verboten. Die Gebäude wurden anderweitig genutzt oder gesprengt. Heute sind die Kirchengemeinschaften wieder zugelassen und haben ihre Gebäude fast alle wieder zurück erhalten. Kirchen und Klöster werden wieder in ihrem ursprünglichen Sinne verwendet. Manche stark renovierungsbedürftige Gebäude werden ganz oder teilweise nach dem historischen Vorbild wiedererrichtet.

Armenische Kirche

Die Armenisch-Grigorijanische Kirche wurde 1844 in der ul. Ekaterininskaja durch Spenden der armenischen Gemeinde errichtet. Im Zweiten Weltkrieg war die Kirche durch Bomben zerstört und 1952 abgerissen worden. An ihrer Stelle wurde ein Wohnhaus gebaut. Die neue armenische Kirche wurde im Erholungsgebiet Arkadija, in Meeresnähe, gebaut. Sie wurde dem heiligen Grigorij gewidmet. Er hatte im Jahr 301 als Aufklärer erreicht, dass das armenische Volk das Christentum als offizielle Religion annahm. Grigorij war somit der erste Katholikos der armenisch-apostolischen Kirche.

Armenische Kirche
Gagarinplateau 5
Tel. +380 /48/ 743 99 94

Deutsche Evangelisch-Lutherische Kirche „St.Paul" (B2)

Die Ruine der Kirche bietet einen traurigen Anblick. Sie ist das Wahrzeichen für die deutsche Gemeinde von Odessa. Das für zwölfhundert Personen konzipierte Gotteshaus steht auf dem höchsten Punkt des Odessaer Stadtplateaus und hat eine wechselvolle Geschichte hinter sich. Die Grundstein-

Deutsche Evangelisch-Lutherische Kirche „St.Paul"

legung der Kirche erfolgte am 28. August 1824 nach einem Entwurf des Architekten Franz Karl Boffo. 1827 wurde die Kirche eingeweiht. In den Jahren 1895–1897 erfolgte ein vollständiger Umbau. Im Zuge der politischen Repressalien der Stalin-Zeit wurde das Gotteshaus geschlossen. Zeitweilig wurde es als Bibliothek genutzt und sollte auch einmal zum Konzertsaal umgebaut werden. 1976 wurde das gesamte Kirchenschiff durch das Feuer einer Brandstiftung vernichtet. Die Ruine lässt heute noch erahnen, wie prächtig die Kirche einmal war. Am 23. Oktober 1996 hat die Stadt Odessa der deutschen Gemeinde die Kirche St. Paul zurückgegeben. Im Jahr 2006 begann die Renovierung. In einem angrenzenden Neubau wird das Deutsche Zentrum St. Paul entstehen. Das Gebäude ist in Odessa bis heute unter dem deutschen Wort „Kirche" bekannt und leicht zu finden.

Deutsche Evangelisch-Lutherische Kirche „St. Paul"
ul. Novoselskogo 68
Tel. +380/48/ 732 32 61
Gottesdienste in deutscher Sprache
Sonntags 10.00 Uhr

Frauenkloster des heiligen Michael (F4)

Das Frauenkloster wurde am 22. Juli 1924 zunächst als Mönchskloster gegründet. Finanziert wurde es durch Odessaer Geschäftsleute. 1934 wurde es in ein Nonnenkloster umgewandelt. In den Sechzigerjahren des 20. Jahrhunderts wurde es

Frauenkloster des Heiligen Michael

geschlossen. Anfang der Neunzigerjahre begann der Wiederaufbau. 1993 wurden dem

> **Frauenkloster des Erzengels Michael**
> ul. Uspenskaja 4 a
> Tel. +380 /48/ 725 62 31
> und 725 86 30

Kloster Teile des erhalten gebliebenen Gebäudes zurückgegeben. In seiner Blütezeit unterhielt das Kloster eine der besten Schulen für Frauen. Heute leitet die Oberin Igumenia Serafima (s. S. 149) das Kloster als einen erfolgreichen Geschäftsbetrieb. Immer wieder gelingt es ihr, Sponsoren für ihre sozialen Projekte zu finden und damit praktische Sozialarbeit zu leisten. Mit seinen blumenreichen und gepflegten Gärten ist das Frauenkloster eine sehenswerte und ruhige Oase inmitten der umtriebigen Stadt.

Griechisch-orthodoxe Kirche

Griechisch-orthodoxe Kirche (D4)

Die griechisch-orthodoxe Kirche ist eine der ältesten Kirchen in Odessa. Ihr ursprüngliches Aussehen ist bis heute erhalten. Admiral de Ribas hatte zur Kirchengründung 1795 eigens den Metropoliten Gawril von Kischinewskij aus der heutigen Republik Moldau eingeladen. Die Kirche wurde von dem Architekten Franz Frapolli geplant und 1808 eingeweiht. Anfang des 19. Jahrhunderts war sie das geistige Zentrum der griechischen Patrioten, die sich vehement für die Unabhängigkeit Griechenlands einsetzten. In der Kirche wurden die sterblichen Überreste des ins Meer geworfenen Patriarchen Gregor V. beigesetzt. Sie waren von Matrosen gefunden und nach Odessa gebracht worden. Die Liturgie wird sowohl in griechischer Sprache als auch in Kirchenslawisch gefeiert.

> **Griechisch-orthodoxe Kirche**
> ul. Ekaterininskaja 55
> Tel. +380 /48/ 725 59 90

Jüdische Synagoge (D3)

Das Zentrum des geistigen jüdischen Lebens in Odessa ist die Synagoge an der Ecke der Straßen ul. Ewrejskaja und Rischeljewskaja. Es ist die wichtigste Synagoge in Odessa. Das zweistöckige Gebäude wurde 1850 von dem Architekten Francesco Morandi geplant. Die Fassade enthält florentinische und romanische Stilelemente. Viele Jahre lang war die Synagoge geschlossen. Seit 1996 gehört sie wieder der jüdischen Gemeinde. Es finden dort regelmäßig Gottesdienste statt. Das Rabbinat hat dort seinen Sitz, der Verlag der jüdischen Wochenzeitung „Or Sameach" und ein jüdischer Fernsehsender, der ebenfalls „Or Sameach" heißt, sind dort untergebracht. Es werden Seminare durchgeführt, die mit der jüdischen Religion, Geschichte, Kultur und Tradition bekannt machen sollen.

Jüdische Synagoge
ul. Ewrejskaja 25
Tel. +380 /48/ 777 11 89
und +380/ 482/ 34 78 50

Kirche des heiligen Elias (D4)

Fast am Ende der ul. Puschkinskaja, in unmittelbarer Nähe des Bahnhofes und gegenüber dem großen Kaufhaus von Odessa, liegt die Kirche des heiligen Elias. Es ist ein großes blaues Gebäude mit fünf wuchtigen silbernen Kuppeln. Die Kirche entstand 1896 im Hof des seit 1884 existierenden Iljinskij Mönchsklosters. Sie wurde dem heiligen Propheten Elias geweiht. Die Mönche versorgten die zahlreichen Pilger, die über Odessa zu den heiligen Stätten von Athos und Palästina zogen. Sie gaben den Pilgern für ein bis zwei Nächte Quartier im Kloster, halfen ihnen bei den Reisepässen, brachten

Kirche des heiligen Elias
ul. Puschkinskaja 77
Tel. +380 /48/ 738 56 04
und 721 02 39

sie zum Schiff und passten auf ihre persönliche Habe auf. Die Kirche verwandelte sich in eine bedeutende Heilungsstätte nicht nur für Mönche und Pilger, sondern für alle Gläubigen der Stadt und wurde darum nie geschlossen. Das Kloster dagegen wurde während der Sowjetzeit geschlossen und erst 1995 wieder eröffnet. In der Kirche des heiligen Elias werden die Gebeine des heiligen Gawril Athonskij aufbewahrt. Die täglich stattfindende Messe im Mönchskloster beginnt stets neben diesen Reliquien. Seit 1997 befindet sich in diesem Kloster die Bistumsverwaltung von Odessa. Es gibt eine Sonntagsschule für Kinder und Erwachsene.

Kirche des heiligen Panthelemon (D5)

1876 kamen einige Mönche aus Griechenland nach Odessa und gründeten nicht weit von der Eisenbahn ein Kloster zur Ehre des heiligen Panthelemon. 1895 wurde auf dem Territorium des Klosters eine neue orthodoxe Kirche gebaut, die ebenfalls nach Panthelemon benannt wurde. Auch ein Priesterseminar wurde gegründet. Nach der Oktoberrevolution wurde die Kirche ausgeplündert. Die

Kirche des heiligen Panthelemon
ul. Pantelejmonowskaja 66
Tel. +380 /48/ 724 80 29

Kirche des heiligen Panthelemon

wertvollsten Gegenstände wurden entwendet und sowohl die Kirche als auch Kloster und Seminar geschlossen. Nach der politischen Wende hat man die Kirche an das orthodoxe Bistum zurückgegeben. Sie wurde innen und außen renoviert.

Kirche der heiligen Muttergottes (D3)
(römisch-katholisch)

Die 1853 nach dem Entwurf des italienischen Architekten Morandi gebaute Kirche wurde sofort zu einer wichtigen Sehenswürdigkeit von Odessa. Sie diente nicht nur kirchlichen, sondern vor allem wohltätigen Zielen. Unter Leitung der Kirche wurden ein Waisenhaus, ein Altersheim und ein Krankenhaus geführt. 1934 wurde die Kirche geschlossen und als Lager, später als Turnhalle genutzt. Seit 1992 gehört das Gebäude wieder den Gläubigen und wird allmählich renoviert.

> **Kirche der heiligen Muttergottes**
> (römisch-katholisch)
> ul. Ekaterininskaja 33
> Tel. +380 /48/ 728 64 97

Kirche des heiligen Petrus / Polnische Kirche
(römisch-katholisch) (D2)

Die Kirche des heiligen Petrus wurde 1913 gebaut. Damals taten dort französische und italienische Priester Dienst. Heute sind es Pfarrer aus Polen. Diese Kirche war nie geschlossen. Sie verfügt über vier Altäre. Im Hauptaltar befindet sich die Ikone der Himmelfahrt der Muttergottes, eine Arbeit des Malers Fischer. Es ist die Kopie eines berühmten Gemäldes von Raffael.

> **Kirche des heiligen Petrus / Polnische Kirche**
> (römisch-katholisch)
> ul. Gawannaja 5
> Tel. +380 /48/ 723 09 69

Preobraschenskij-Kathedrale
(orthodox) (C2)

Die Preobraschenskij-Kathedrale entstand in der Gründungs-

Preobraschenskij-Kathedrale

Preobraschenskij-Kathedrale
Ploschtschadj Sobornaja 1
Tel. +380 /48/ 729 36 60

zeit der Stadt und war lange Odessas bedeutendste Kathedrale. Nach ihrer Eröffnung am 25. Mai 1808 war sie Schauplatz der wichtigsten Ereignisse des öffentlichen und geistlichen Lebens Odessas und damit das große geistige Zentrum der Stadt. Die wertvollsten Ikonen und heiligen Reliquien wurden dort aufbewahrt. Darunter auch die Kasperowskoj-Ikone der Muttergottes, die sich jetzt in der Uspenskij-Kathedrale befindet. In der Preobraschenskij-Kathedrale wurden auch Graf Woronzow und seine Frau beerdigt. Nach dem Umbau 1903 war die Kathedrale mit einhundertfünf Metern Länge, zweiundvierzig Metern Breite und fünfundsiebzig Metern Höhe die größte Kathedrale in der Ukraine. Bis zu zwölftausend Menschen haben in ihr Platz. Auch diese Kathedrale wurde von der Sowjetherrschaft nicht verschont. Sie wurde am 6. März 1936 gesprengt. Seit einigen Jahren wird sie mit Spenden wieder aufgebaut und ist fast fertig.

Uspenskij-Kathedrale (C4)

Die Uspenskij-Kathedrale wurde 1869 mit Geldern der beiden Brüder und Geschäftsleute Tscherepannikowy nach dem Entwurf des Architekten

Kinder beim Gottesdienst

Ludwig Otton gebaut. Sie ist eine der größten Kathedralen der Stadt. Unter den orthodoxen Kirchen von Odessa und der Odessa-Region ist sie derzeit, solange die Preobraschenskij-Kathedrale noch nicht fertig ist, die größte und wichtigste. Sie ist sechsundfünfzig Meter hoch und fasst bis zu sechstausend Personen. In der Uspenskij-Kathedrale wird eine berühmte Ikone der Gottesmutter aufbewahrt. Der Legende nach wurde sie im 16. Jahrhundert gemalt und von einer serbischen Familie aus Transsilvanien nach Odessa gebracht. Nach dem Namen dieser Familie wird sie heute noch Kasperowskoj-Ikone genannt. Zahlreiche Wunder werden mit ihr in Verbindung gebracht.

Uspenskij-Kathedrale
ul. Preobraschenskaja 70
Tel. +380 /48/ 785 01 18

Uspenskij-Mönchskloster, 16. Jh.

Das Uspenskij-Mönchskloster wurde 1821 auf dem Grundstück eines moldauischen Adeligen gegründet. Es liegt im Süden Odessas, direkt am Ufer des Meeres, und umfasst mehrere Kirchen, darunter die Uspenskij-Kathedrale. Dort werden heilige Gegenstände aufbewahrt. Auf dem gepflegten Territorium des Uspenskij-Mönchsklosters befindet sich die Sommerresidenz des Moskauer Patriarchen sowie die Residenz des leitenden Abtes. 1838 wurde im Kloster ein Priesterseminar gegründet. Während der Sowjetzeit war das Seminar zahlreichen Repressalien ausgesetzt. Heute herrscht dort ein aktives Leben. Es werden Priester für die orthodoxen Kirchen ausgebildet. Zur Zeit studieren dort etwa dreihundert Seminaristen, die von dreißig Lehrern unterrichtet werden. Im Kloster leben mehr als einhundert Mönche.

Uspenskij-Mönchskloster 16. Jh.
Majatschny spusk 6
Tel. +380 /48/ 746 88 72

Kathedralenplatz

Straßen und Plätze

Passage

Das historische Zentrum Odessas ist überschaubar. Die wichtigsten Straßen und Plätze der Innenstadt kann man leicht in einem halben Tag zu Fuß abgehen, vorausgesetzt, man bleibt nicht in einem der vielen Restaurants und Cafés hängen. Ein Spaziergang über die beliebte Flaniermeile, die **uliza Deribasowskaja** (C2, D2, E2), ist ein absolutes Muss. Sie ist nach dem Admiral de Ribas benannt, der im Auftrag von Katharina der Großen die Stadt erbaut hat. Die Straße wurde im Wandel der Zeiten mehrmals umbenannt. Aber immer wieder kamen die Odessiten auf den Namen des berühmten Erbauers ihrer Stadt zurück. Im Sommer ist die Straße voller Touristen. Es ist keine der normalen Einkaufsstraßen einer Großstadt. Hier gilt: „sehen und gesehen werden". Moderne Cafés und exotische Restaurants reihen sich aneinander. Im Sommer stellt sich leicht das Gefühl ein, als hätten sich alle Odessiten zur selben Zeit auf dieser Straße verabredet. Teure Geschäfte und elegante Boutiquen befinden sich in der Deribasowskaja. Die überdachte Ladenstraße **Passage** (C2) verbindet die Deribasowskaja mit der ul. Preobraschenskaja.

Dort, neben der großten Kathedrale stellen die Künstler aus Odessa und Umgebung aus und verkaufen ihre Ware: Mineralien, Gemälde, die berühmten Matrjoschkas, Blusen, Souvenirs aller Art. Im angrenzenden Café „Klara Bara" lässt es sich im Schatten der Bäume gut aushalten. Nebenan sitzt der Humorist und Jazzsänger **Leonid Utjosow** (D2) lebensgroß als Bronzefigur auf einer Bank. Er wartet auf Spaziergänger, die sich mit

Stände mit Kunsthandwerk

ihm zusammen fotografieren lassen möchten. Gegenüber befindet sich ein weiteres beliebtes Fotomotiv: der berühmte **Bronzestuhl** (D2) aus einem Roman der Odessiten Ilja Ilf und Ewgenij Petrow aus den Zwanzigerjahren des 20. Jahrhunderts. Die Geschichte handelt von der Jagd nach den Juwelen einer verstorbenen alten Dame, die ihren Nachlass in einem von zwölf Stühlen versteckt hat. Das humorvolle Gaunerdrama führt durch ganz Russland und verwickelt Beamte, Geistliche und jede Menge weiterer geld- und goldhungriger Menschen miteinander. Wie es endet, lesen Sie am besten selbst.

Im rechten Winkel zur Deribasowskaja verlaufen zwei weitere wichtige Einkaufsstraßen: die **ul. Richeljewskaja** und die **ul. Ekaterininskaja.** Neue Geschäfte wachsen dort wie Pilze aus dem Boden. Alle wollen ihre teure Ware verkaufen. Die beiden Straßen verlaufen, wie viele andere auch in Odessa, parallel zueinander. Sie sind etwa zwei Kilometer lang und führen vom Zentrum und Hafen zum Bahnhof oder zum zentralen Markt „Priwos". Durch diese Straßen zu bummeln ist, auch wenn es sehr heiß ist ein Vergnügen. Alte Bäume säumen die Straßen. Ihre Äste und Blätter bilden ein Schattendach und einen grünen Korridor. Bunte Schaufenster laden Einkaufswillige zum Eintreten ein. Diese alten Straßen säumen hauptsächlich Häuser aus dem 19. Jahrhundert. Der überaus starke Autoverkehr kann freilich den Bummel stören. Möchte man die Schaufenster auf der anderen Straßenseite auch anschauen, ist Vorsicht geboten. In Odessa ist es noch so, dass die Fußgänger beim Überqueren der Straßen trotz grüner Fußgän-

Leonid Utjosow

Bronzestuhl

gerampel auf die ungewohnte Fahrweise der Autofahrer achten müssen.

Schachspieler im Park

Gegenüber dem Hotel Passage befindet sich der **Sobornaja Ploschtschadj** (C2) mit seinem kleinen Park. Benannt ist er nach der Preobraschenski-Kathedrale, die auf diesem Platz seit Anfang des 19. Jahrhunderts stand und nach ihrer Wiedererrichtung wieder steht. Hier befand sich immer der zentrale Platz Odessas. Große städtische Ereignisse spielen sich hier ab. Politiker aus Kiew geben dort den Journalisten öffentliche Interviews. Und natürlich spielen die Rentner dort bis in die Dunkelheit leidenschaftlich Schach, sprechen über die aktuellen politischen und sportlichen Ereignisse oder streiten über Fußball. Auf dem Platz steht seit 1864 das Woronzow-Denkmal (siehe Denkmäler, S. 53). Der Kathedra-

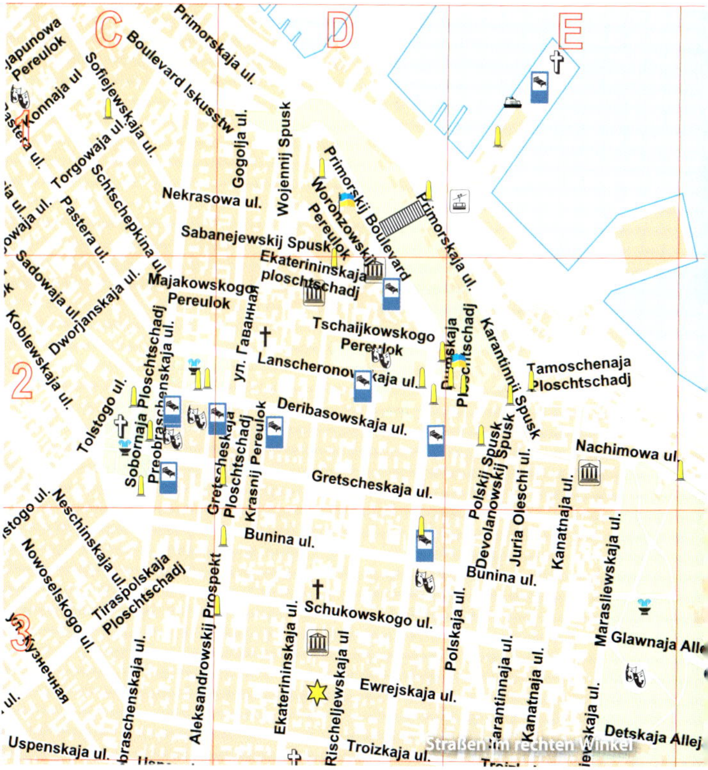

Straßen im rechten Winkel

Neues Einkaufszentrum „Athen“ am Griechischen Platz

lenplatz mit seinen Schatten spendenden Ahornbäumen lädt nach einem Bummel zum Verweilen an. Dass direkt nebenan die quirlige **ul. Preobraschenskaja** vorbeiführt, merkt man kaum. Sie ist die längste Straße der Altstadt und eine wichtige Verkehrsader. Deshalb fließt auf ihr der Autoverkehr leider auch meistens sehr zäh dahin. Es gibt zahlreiche gut bestückte Läden mit akzeptablen Preisen, Cafés und Restaurants.

Etwas oberhalb der Potjomkin'schen Treppe liegt der kleine, runde **Katharinenplatz (pl. Ekaterininskaja)** (D2) mit dem Denkmal der Zarin deutscher Herkunft (s. S. 49). Rund um den Platz findet man noble und weniger noble Lokale und Cafés, sowie nicht „ganz preiswerte" Läden und Boutiquen.

Von der Potjomkin'schen Treppe nach links über den Primorskij-Boulevard Richtung Oper befindet sich der **Dumaplatz** (D1), der Platz der Gemeinde. Duma heißt auf Russisch Parlament. Auf dem Dumaplatz steht das Rathaus mit der Stadtverwaltung. Bei politischen Ereignissen finden auf dem Dumaplatz Demonstrationen statt. Brautpaare lassen sich dort gerne fotografieren.

Der Kulikowa-Platz (**Kulikowo Pole**) (D5) entstand nach dem letzten Weltkrieg, als die Stadt ausgebaut wurde. Dort fanden die erbitterten Kämpfe der Rotgardisten (Bolschewiken) gegen die Weißgardisten (die Anhänger der Monarchie) statt. Benannt ist der Platz nach einem Dorf bei Moskau, in dem sich im 13. Jahrhundert

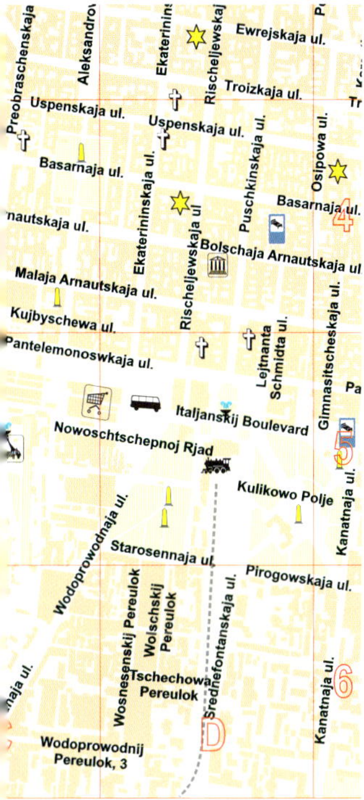

Russen und Mongolen-Tataren bekämpften. Es ist der größte Platz in der Stadt. Geschmückt wird er von einer Tannenallee. Früher stand dort ein monumentales Lenin-Denkmal. Heute wird der Platz für Jahrmärkte, Bierfeste, die Feierlichkeiten zum Stadtgeburtstag und andere Festivitäten genutzt. Einer der wichtigsten Plätze ist der **Griechische Platz** (C2) (Gretscheskaja ploschtschadj), etwa fünfzig Meter von der Deribasowskaja entfernt, am Ende der ul. Gretscheskaja. In seiner Mitte befindet sich das von Griechen und Ukrainern gemeinsam errichtete runde Einkaufszentrum „Afina". Führende westliche Designer sind dort vertreten. Auf dem Aleksandrowskij-Prospekt befindet sich der Bücher- und Medienmarkt „Knischka".

Griechischer Platz

UNTERIRDISCHES

Die **Katakomben von Odessa** sind beim Aufbau der Stadt quasi als Nebenprodukt entstanden. Es gab in der Umgebung weder Berge noch Wälder. Darum hat man sich kurzerhand das Baumaterial aus der Erde geholt und so den reichlich vorhandenen Muschelkalkstein abgebaut. Wo heute Odessa steht, dort breitete sich in der Vorzeit das Meer aus. Nach seinem Rückgang blieben die Muscheln zurück und bildeten den Muschelkalkstein. Durch dessen Abbau ist ein unterirdisches Labyrinth mit Wegen von insgesamt etwa zweitausend Kilometern Länge entstanden. Dies entspricht etwa der Strecke zwischen Odessa und St. Petersburg oder München und Kiew. Erforscht wurden die auf mehrere Ebenen verteilten unterirdischen Gänge anhand der Eingänge in den verschiedenen Stadtteilen. Verglichen mit den Katakomben in Neapel, Paris und in manchen Städten auf der Halbinsel Krim sind die Katakomben in Odessa sowohl in ihrer Länge als auch in ihrer Tiefe (bis zu siebzig Meter) die größten ihrer Art. Erforscht und skizziert sind rund achthundert Kilometer. Wissenschaftler haben festgestellt, dass die Katakomben von Odessa seit 3,5 Millionen Jahren eine der reichsten fossilen Vorkommen der Säugetierfauna Europas bewahren. Sie gewähren damit Einblick in eine Zeit, als die Küste des Schwarzen Meeres noch den Steppen Asiens ähnelte.

Mit dem Aufbau von Odessa wurden die unterirdischen Gänge ausgebaut. Häufig versteckten sich Schmuggler und Piraten darin. Im Zarenrussland haben sich die Bolschewiken in den unterirdischen Höhlen und Gängen zu konspirativen Treffen versammelt oder ihre verbotene Literatur dort aufbewahrt. Illegale Geschäfte wurden in den Katakomben abgewickelt. Während des Zweiten Weltkrieges versteckten sich die Partisanen von Odessa in den Kata-

Exkursionen in die Katakomben

Speziell geschulte Reiseleiter führen durch das Labyrinth der unterirdischen Gänge. Während der rund vierzigminütigen Exkursion durch das Partisanenmuseum leuchten die Besucher ihren Weg mit Kerzen selbst aus. Es empfiehlt sich unbedingt, eine Jacke und eine Taschenlampe mitzunehmen. Die Gefahr, sich in den Katakomben zu verlaufen, ist groß. Nicht vom Wege abweichen und auf eigene Faust alleine einen Gang erforschen wollen!

komben und bekämpften von dort aus die Faschisten. Neuerdings suchen obdachlose Jugendliche in den Katakomben Unterschlupf. Sie gehören wie Alte, Kranke und Schwache zu den Sozialfällen Odessas. Einige Organisationen helfen ihnen (siehe Seite 146-151).

Ansonsten werden die Katakomben heute praktisch kaum mehr genutzt. Versuche, in den feuchtkalten Gängen Champignons zu züchten, scheiterten an der Gefräßigkeit der Ratten. Im Inneren der Katakomben ist es stockdunkel. Die Temperatur beträgt konstant acht bis zehn Grad über null. Die Luftfeuchtigkeit liegt das ganze Jahr über bei rund neunzig Prozent.

Besichtigen kann man kleine Abschnitte der Katakomben in der Nähe des Dorfes „Nerubajske", einem **Vorort, dreizehn Kilometer nördlich von** Odessa Richtung Kiew. Dort wurde ein unterirdisches Partisanenmuseum eingerichtet, in dem man das damalige Leben unter der Erde nachgestellt hat: wo gekocht, gegessen und geschlafen wurde. Gegenstände wie Waschbottich, Funkgerät und Druckmaschine, Gewehre, selbst gebaute Explosionskörper und andere Utensilien des Partisanenlebens vermitteln einen lebhaften Eindruck vom Kampf aus der Tiefe heraus.

Anfahrt zum Katakombeneingang bei Nerubajske:
mit Bussen an der Haltestelle gegenüber dem Hauptbahnhof von Odessa. Fahrtzeit ca. dreißig Minuten. Gebühren für Fahrt und Führer ca. 20 UAH (etwa 3 Euro).

Jeden Tag ein neuer Witz

Feste, Feiern und der typisch odessitische Humor

So richtig ernst genommen wird in Odessa eigentlich nichts. Unterschwellig schimmert bei nahezu jeder Unterhaltung eine Portion Humor durch, der bis zur bitteren Ironie reichen kann. Irgendwie hat sich Odessa zum Zentrum des Humors der Ukraine entwickelt. Es ist die Heimatstadt vieler Humoristen und Satiriker, die später nach Moskau umgesiedelt sind. Immer wieder kommen berühmte Vertreter dieser Kunstgattung aus Moskau und St. Petersburg nach Odessa, um dort große Aufführungen zu veranstalten.

„Was ist das eigentlich, der typisch odessitische Humor?", werden Sie vielleicht fragen? „Odessa und seinen Humor versteht man nur, wenn man dort lebt", werden Sie von Einheimischen auf diese Frage zur Antwort bekommen. Denn Humor ist in diesem Fall nicht nur die Fähigkeit, Witze zu erzählen, sondern im täglichen Leben an der richtigen Stelle passend zu kontern. Einige Anekdoten mögen Ihnen verdeutlichen, wie Humor in Odessa verstanden wird.

Zwei Männer verlassen einen Club. An der Garderobe erhalten sie ihre Mäntel. Der eine gibt ein großzügiges Trinkgeld, worauf der andere fragt: „Bist du verrückt, so viel Trinkgeld zu geben? Machst du das immer so?" Der erste antwortet: „Normalerweise nicht, aber schau mal, welchen Mantel er mir gegeben hat!"

Der Odessit Leonid Utjosow, bekannter Sänger und Begründer der ersten sowjetischen Jazzband (1895–1982), beschrieb Odessa als „sonnige Stadt, wo die Menschen lachen und scherzen können und zwar in erster Linie, und das ist besonders wichtig, über sich selbst." Das Bronzedenkmal von Utjosow steht in der ul. Deribasowskaja (s. S. 74).

Straßenumzug bei der Humorina

Ein Besucher von Odessa fragt einen Odessiten, wie er zur uliza Deribasowskaja kommt. Der Odessit fragt sofort zurück, ob er nicht von Odessa sei, woher er denn komme? Der Gefragte antwortet, er komme aus der kleinen Stadt Berditschew. Gleich nach der Antwort beginnt der erste eine lange Rede darüber, dass seine Mutter aus dieser Stadt stamme und wie schwer ihr Leben dort gewesen sei. Zehn Kinder habe sie ganz alleine aufgezogen. Als der Besucher nach einer halben Stunde die Geduld verliert und seine Frage wiederholt, wie man zur Deribasowskaja komme, antwortet der Gefragte ungehalten: „Mein Gott, warum reden Sie so viel – wir stehen doch auf der Deribasowskaja."

Das Ehepaar Abram und Sarah flaniert durch die Deribasowskaja. Vor ihnen gehen zwei schick gekleidete Damen. Abram kann sich nicht zurückhalten und sagt zu Sarah: „Sarah, siehst du diese zwei Frauen?" „Ja und, was?", fragt Sarah zurück. „Die Frau, die da links geht, ist meine Geliebte", erklärt Abram und erwartet, dass Sarah ihm jetzt das Gesicht zerkratzt. Sarah aber läuft plötzlich nach vorne, schaut die Frauen an, kommt zu ihm zurück und sagt: „Ach, Abram, unsere ist doch die Schönste von beiden."

Eine Frau öffnet die Augen und erblickt an ihrem Bett plötzlich ihren Mann, der einen Tag früher als geplant von seiner Dienstreise zurückgekehrt ist: „Ach, du bist es, Sjoma!", sagt sie schläfrig. „Und wer liegt dann neben mir?"

U-Boot im Straßenumzug

Auch die Festivitäten in Odessa sind von Humor geprägt

1. April: „Humorina".

Die ersten drei Tage im April sind in Odessa für „Humorina" reserviert, eine dem Karneval ähnliche Feier mit Umzug in Masken und bunten Kostümen. Die Innenstadt wird gesperrt. Tausende grell geschminkte Menschen ziehen singend und tanzend mit Pappnasen und großen Pappohren durch die Stadt. Auf Freilichtbühnen finden zahlreiche Veranstaltungen mit berühmten Humoristen und Satirikern aus der Ukraine und aus Russland (Moskau, St. Petersburg) statt. Viele davon sind noch aus der Sowjetzeit für ihre humorvollen Geschichten bekannt. Jeder freut sich, wenn er an diesem Tag einem anderen ein Schnippchen schlagen kann.

Humorina

Die „Humorina" wurde 1973 als „Tag des Lachens" ins Leben gerufen. Es gibt sie in der Ukraine nur in Odessa. Früher wurde dabei auch das sowjetische System durch den Kakao gezogen, was dazu führte, dass die „Humorina" in den Jahren 1976–1986 verboten wurde. Seit der Perestroika lebt das Fest wieder auf und wird von der Stadtverwaltung unterstützt. Organisiert wird die „Humorina" vom „Humorina"-Club.

2. September: „Tag der Stadtgründung Odessas"

Es wird bis in die Nacht hinein gefeiert. Auf Freilichtbühnen treten Rock- und Popbands aus der Ukraine und den GUS-Ländern auf. Am Primorskij-Boulevard werden Bier und Würstchen, Spezialitäten der Odessaer Küche und Souvenirs angeboten. Das Volk rockt mit. Die ganze Innenstadt ist voller Menschen.

Herbst: Weinfest in der ul. Deribasowskaja

Alljährlich Mitte September präsentieren die Weinkellereien aus Odessa und der Odessa-Region in der ul. Deribasowskaja ihre Weine, Verkostung und Verkauf inbegriffen. Zu den populärsten Rebsorten zählen: Cabernet, Chardonnay, Merlot, Riesling und Aligote. Überall geht es lustig zu.

Aber auch ohne Feiertag kann man am Passagierterminal im Hafen Ungewöhnliches erleben: stilisierte Schönheit – beim „Schönheitswettbewerb" der Verwandlungskünstler.

Verwandlungskünstler

HOTEL
ODESSA
МОРСЬКИЙ
ВОКЗАЛ

Schwarzes Meer und Hafen

Odessas Lebensgrundlagen

Odessas Hauptkennzeichen sind blau: der Himmel und das Meer. Dazwischen tummeln sich Odessas Schönheiten und flanieren am Hafen. Das Meer ist allerdings selten zu sehen. Ein fast dreißig Meter breiter Grüngürtel trennt die Stadt vom Strand. Odessa schmiegt sich 35 Kilometer lang an diese Bucht.

Passagierterminal mit „Baby"

Das Meer ist Odessas Lebenselement. Dort pulsiert sowohl das industrielle als auch das touristische Leben. Am Passagierterminal, auf Russisch „Morskij Woksal" (E 1) (Meeresbahnhof), kommen jedes Jahr Tausende von Touristen aus der Ukraine, Russland und dem westlichen Ausland in großen Kreuzfahrtschiffen an. Im Inneren des Passagierterminals wird die Pass- und Zollkontrolle durchgeführt. Auch die Schalter der Firmen, die Tickets für die Katamarane nach Varna und Jalta verkaufen, befinden sich rechts und links im Eingangsbereich. Im Untergeschoss finden Messen, Ausstellungen und mancher außergewöhnliche Wettbewerb (s. S. 85) statt.

Symbol der Geburt ist das „Baby" auf dem Vorplatz. Es erinnert sowohl an die Gründung der Stadt und des Hafens vor über zweihundert Jahren als auch an die neue Unabhängigkeit der Ukraine seit 1991. In Russisch wird es „Maltschik", der Junge, genannt.

Seatrade

Am Passagierterminal befinden sich die Anlegestellen für die kleinen Ausflugsschiffe, die an den Stränden von Odessa hin und her fahren. Genaue Abfahrtszeiten gibt es nicht. Wenn das Schiff voll ist, geht's los. Preis für die Fahrt zum Strand Arkadija ca. 15 UAH, etwa 2,20 € pro Person. Die Rückfahrt kann man entweder mit dem nächsten Schiff oder mit einem Taxi antreten.
In 2007 fanden nach langer Zeit wieder Fahrten mit dem Tragflächenboot von Odessa auf die Krim statt.
Auch fährt zwei Mal pro Woche der Katamaran „Crimean Arrow" von Odessa aus nach Varna in Bulgarien. Preis: 150 € hin und zurück, diverse Ermäßigungen für Kinder und Gruppen möglich.

Information über Fahrten und Preise am Schalter des Unternehmens „Ukrferry" im Passagierhafen
Tel. +380 / 48 /729 45 90 und 784 12 14
www.ukrferry.com

Der Handelshafen

Der angrenzende Handels- und Industriehafen erstreckt sich in den nördlichen Teil des Stadtgebiets von Odessa hinein. Er ist wirtschaftlich gesehen eine wichtige Einnahmequelle für Stadt und Region. Als Staatsunternehmen ist der Industriehafen zusammen mit dem Tourismushafen einer der größten Arbeitgeber in Odessa. Auf

Handelshafen mit Kränen

Containerterminal

einer Länge von acht Kilometern verfügt er über achtunddreißig Anlegestellen für Hochseeschiffe. Es werden rund fünfzehn Millionen Tonnen trockene Güter und etwa genauso viele Tonnen flüssige Güter umgeschlagen. Das Hauptgeschäft wird im Containerterminal gemacht. Der aber ist inzwischen zu klein geworden. Die großen, dreihundert Meter langen Frachtschiffe haben in dem Hafenbecken keinen Platz zum Wenden und müssen für ihre Abfertigung andere Schwarzmeerhäfen ansteuern. Die Ware wird dann über Land nach Odessa

Arbeitsplatz im Containerterminal

gebracht. Bis zum Jahr 2010 werden fünf Millionen Container in den Häfen des Schwarzen Meeres erwartet. Der Hafen Odessa will bei diesem Geschäft mitmischen. Vorerst aber liegt die Hafengesellschaft wegen der geplanten Erweiterung des Hafens, in südwestliche Richtung zum Strand Lanscheron hin, mit der Stadtverwaltung im Clinch. Diese hat andere Pläne. Sie will den Hafen zugunsten von Hotels und Restaurants sowie einer Flaniermeile aus dem Stadtgebiet verbannen.

Ungeachtet dessen warten internationale Unternehmen schon jetzt auf ihre Chance, beim Ausbau des Hafens mitzuwirken und das Know-how ihrer Fachleute einzubringen. Holländische, französische, italienische, spanische, chinesische Unternehmen und viele andere sind darunter. Eine Hamburger Firma hilft seit Jahren dabei, die Organisation der Abfertigung im Containerterminal des Odessaer Hafens zu verbessern. Der Containerumschlag hat sich seitdem verdoppelt. Auch auf besseren Kundenservice wird hingearbeitet, um schnell auf Anfragen zum Stand der Warenabfertigung reagieren zu können. Bei entsprechendem Management werden die wirtschaftlichen Perspektiven für den Containerverkehr von ausländischen Beratern als sehr gut eingeschätzt.

Lotsenschiff

Im nördlichen Teil des Hafen liegen Getreidesilos und Öldepots. Ein schwimmender Schutzwall soll bei eventuellen Störfällen ökologische Katas-

Getreidesilos

trophen vermeiden helfen. Die Qualität des Wassers wird regelmäßig kontrolliert.

Das Staatsunternehmen Hafen hat einen Jachtclub angelegt, gleich daneben eine Kapelle gebaut und sponsert Kultur und Wirtschaft in Odessa. Historisches Wahrzeichen für den Hafen und für Odessa ist der Leuchtturm, der „Woronzowskij Morjak", benannt nach dem Grafen Woronzow, Odessas erstem russischem Bürgermeister. Schon von weitem ist er zu sehen und erinnert an die Bedeutung von Odessa als Freihandelszone.

Jachthafen

Das Wahrzeichen Odessas: der Leuchtturm

Die Stadt Odessa und die Region leben von der günstigen Lage am Schwarzen Meer. Hafenbetrieb und Tourismus sind wichtige wirtschaftliche Säulen für die Stadt. Der Dichter Alexander Puschkin hat aber im Schwarzen Meer noch mehr gesehen und bei seinem Abschied aus der Stadt folgende Zeilen verfasst.

Lebt wohl, ihr fessellosen Fluten!
Zum letzten Male vor mir rollt
In träumerischen Sonnengluten
Der stolzen Wogen Blau und Gold
... so leb denn wohl, o Meer! Begleiten
Wird mich dein feierliches Bild
Dein Rauschen lang in anderen Breiten
Ertöne mir, bald weich, bald mild.

Tanja, Maria, Nelly

... wie bei einem Geliebten

Der Hafen als Arbeitgeber

Musiker, Fremdenführer, Techniker und Ingenieure, Lotsen, Kapitäne, IT-Fachleute, Küchenpersonal, Verwaltungskräfte – nahezu alle Berufsgruppen werden gebraucht in der breitgefächerten Infrastruktur des einhundertneun Hektar großen Territoriums. Der Hafen ist ein krisensicheres Unternehmen. Wer dort arbeitet, hat Glück gehabt. Die Mitarbeiter/Innen sind vielfältig sozial abgesichert. Bei Krankheit und Unfällen werden die Löhne weitergezahlt. Frauen erhalten den sogenannten „geheimen Urlaub" für die letzten Monate ihrer Schwangerschaft und die erste Zeit nach der Geburt eines Kindes. Zusätzlich betreibt der Hafen ein für seine Leute kostengünstiges eigenes Sanatorium im Norden der Stadt. Solche Leistungen sind nicht bei allen ukrainischen Unternehmen selbstverständlich. Auch Tanja, Maria und Nelly bestätigen, dass der Hafen „der gewinnbringendste Wirtschaftszweig ist, ein „lebendiger Organismus" sozusagen, in dem sich jeden Tag neue Perspektiven entwickeln. Das mache die Arbeit im Hafen interessant. Ihr Transport und Kommunikationsministerium, das für den Hafen zuständig ist, halten die drei Frauen „für eines der reichsten in der Ukraine." Zur Arbeit gehen sie „mit leuchtenden Augen wie zu einem Geliebten. Und wir wünschen uns, dass auch unsere Kinder und Enkel hier arbeiten."

Badestrände

Im Südosten der Bucht von Odessa gelegen sind die Badestrände. Um zum Wasser zu kommen, muss man die zahlreichen Stufen hinuntersteigen, die an vielen Stellen der Böschung mal mehr oder mal weniger gut angelegt sind. Etwa in der Mitte des Stadtbereichs gibt es eine kleine, alte, offene **Seilbahn** (F6) mit Zweisitzkabinen. Strandhungrige können damit über den Baumwipfeln nach unten schweben. Manche Sanatorien in Meeresnähe verfügen über Lifte, die ihre Gäste bequem zum Ufer transportieren.

Badende am Strand

Tor des Strandes Lanscheron

Zahlreiche Strände sind auch mit dem Auto und öffentlichen Verkehrsmitteln zu erreichen. Das Netz der Marschroutentaxis, wie die zahlreichen Kleinbusse in Odessa genannt werden, ist gut ausgebaut. Viele dieser Kleinbusse fahren die Strände direkt an.

Einer der wenigen eben zugänglichen Strände in Odessa ist der im Gebiet von **Arkadija,** übersetzt Paradies. Er ist sehr populär und im Sommer stets von Touristen und Einheimischen übervölkert. Dort gibt es unzählige Restaurants, mehrere gute Hotels von sehr teuer (Arkadija Plaza, Palace del Mar) bis gute Mittel-

Strand Lanscheron

klasse (Hotel Morskaja). Dass es in Arkadij laut ist und aus jedem Restaurant eine andere Musik in unterschiedlicher Wiedergabequalität dröhnt, muss man dabei mögen oder zumindest ertragen. Der Ausblick jedenfalls ist schön, weil das Meer unterhalb der Restaurantzeile liegt.

Arkadija ist im Vergleich zu anderen Stränden einer der teuersten, dafür aber sauber. Eine Strandliege mit Sonnenschirm kann man schon für 15 Griwna, umgerechnet etwa 2 Euro, mieten.

Noch teurer und exklusiver ist das weiter südlich zwischen Arkadija und dem „Goldenen Ufer" gelegene

Jachtclub: Stundenweise Jachtfahrten nur mit dem Kapitän
Tel. +380 /67/480 45 99 und +380/ 48/ 773 45 99, 735 31 31
www.kater.od.ua

Strandstück **„Riviera"**. Allein schon die Zufahrt mit dem Auto zum bewachten Parkplatz kostet umgerechnet ein bis anderthalb Euro. Für Eintritt mit Liege und Sonnenschirm muss man etwa fünf Euro hinlegen. Dafür ist der Strand aber auch wirklich sehr schön und bietet viel Komfort. In den verschiedenen Restaurants und selbst in den Imbissstuben gibt es von frischem Obst bis delikaten Fischgerichten vielfältige köstliche Speisen.

Näher zum Stadtzentrum liegt der Strand **„Lanscheron"** (G4). Er ist benannt nach dem Franzosen Lanscheron, der einige Jahre nach Herzog Richelieu Bürgermeister von Odessa war. Die Marschroutentaxis mit den Nummern 202, 203 oder 233 fahren im Sommer direkt an den Strand. Es gibt dort Ruder- und Tretboote sowie Wasserfahrräder zu mieten. Zahlreiche Restaurants unterschiedlicher Qualität säumen das Ufer.

Liebhaber der Freikörperkultur finden direkt neben dem Strand des Sanatoriums Tschkalowa einen ruhigen und gepflegten Steinstrand mit klarem Wasser. Nach etwa fünf Gehminuten hinter dem Zugang zum Strand des Sanatoriums weiter nach Süden führt links ein fast versteckter Trampelpfad zum Meer hinunter. An der Strandbar gibt es gekühlte und warme Getränke sowie Snacks.

Karolino Bugas

Die meisten Strände im Stadtgebiet sind durch ins Meer hinein gemauerte Stege in einzelne Stücke unterteilt. Wer lange Strandspaziergänge liebt, fährt am besten gleich nach Süden weiter. Beispielsweise ins rund zwanzig Kilometer südlich gelegene **Iljitschowsk**. Die kleine junge Stadt entstand in den Fünzigerjahren des 20. Jahrhunderts und entwickelte sich zusammen mit ihrem Hafen. Stadt und Hafen gehörten bis in die Achtzigerjahre zu Odessa. Iljitschowsk liegt sehr schön am Ufer des Meeres. Der grüne Ort hat viele Parks mit Blumen und ist insgesamt verhältnismäßig sauber. Entlang der weiten Sandstrände gibt es in unmittelbarer Nähe des Wassers zahlreiche gemütliche Lokale.

Ein Stück weiter nach Süden, gut vierzig Kilometer von Odessa entfernt, liegen die weiten Sandstrände von **Karolino Bugas.** Auf einer Länge von rund zwanzig Kilometern ist der Strand bis zu hundert Meter breit. Die Region von Karolino Bugas gilt als Erholungsgebiet der Extraklasse. Weißer Sand, würziger Geruch der Steppe, sauberes Meerwasser und das Mikroklima des angrenzenden Süßwasserlimans (Lagune) zeichnen Karolino Bugas als eines der schönsten Strandstücke südwestlich von Odessa aus. Keine Industrie stört das ökologische Gleichgewicht. Allerdings ist es angebracht, sich etwas zum Essen und Trinken mitzubringen. Die touristische Infrastruktur mit Restaurants ist dort noch nicht so entwickelt wie an den Stadtstränden Odessas. Die zahlreichen Erholungsheime im Gebiet von Karolino Bugas sind von ihrem Standard noch eher auf weniger anspruchsvolle Touristen aus Russland, der Ukraine, Weißrussland und Moldawien ausgerichtet. Neuerdings entstehen dort aber auch moderne Ferienhäuser westeuropäischen Niveaus.

Nicht nur im Gebiet von Karolino Bugas gibt es die Möglichkeit, abwechselnd in Salz- und in Süßwasser zu baden. Auch in der Odessa-Region gibt es zahlreiche Limane. Einige dieser ehemaligen Meeresbuchten, die durch Landzungen vom Meer getrennt wurden, sind reich an **Heilschlamm,** wie etwa der Chadschibejliman oder der Kujalnikliman, beide nordwestlich von Odessa gelegen. In der Nähe des Kujalniklimans gibt es Mineralquellen. Das leicht salzige Heilwasser „Kujalnik" wird getrunken und soll Abhilfe schaffen bei allerlei Krankheiten.

Das Schwarze Meer

ist das einzige Binnenmeer der Welt. Im Süden ist es durch den Bosporus und die Dardanellen mit dem Mittelmeer verbunden, im Nordosten durch die Meerenge Kerschenkij mit dem Asowschen Meer. Schwarzes Meer heißt es deshalb, weil das Wasser, bedingt durch den erhöhten Salzgehalt, dunkler aussieht als beispielsweise das des Mittelmeeres. Seine größte Ausdehnung in Ost-West-Richtung umfasst 1150 Kilometer. Die größte Tiefe vor Jalta beträgt 2240 Meter. Flächenmäßig ist es um ein Fünftel größer als Deutschland. Die Flüsse Donau, Dnjepr, Dnjestr, Südbug und zahlreiche kleinere münden im Schwarzen Meer, ebenso der georgische Kodori und Inguri.

Das Schwarze Meer hat wenige Inseln (Insel „Smejiny" in der Nähe des Donaudeltas, Insel „Beresan" in der Nähe der Stadt Nikolajew) und Buchten. Seine Küste ist wenig gegliedert und fällt meist steil ab. Die Flüsse bilden bei der Mündung ins Meer häufig so genannte Limane – lagunenartige seichte Seen.

In den oberen Wasserschichten gibt es Wasseralgen und bis zu hundertachtzig Fischarten: Delphine, Seeteufel, Thunfisch, Beluga, Schollen, Makrelen und viele andere. In den unteren Schichten dagegen ist kaum Leben zu finden.

Das Umland

Es lohnt sich, den Ausflug nach Süden noch weiter auszudehnen. Rund achtzig Kilometer südwestlich von Odessa am Fluss Dnjestr liegt die alte Stadt **Belgorod-Dnjestrowsk** – die „weiße Stadt am Dnjestr". Belgorod-Dnestrowsk ist eine der ältesten Städte der Ukraine. Ihre Häuser sind aus weißem Kalkstein erbaut. Sie entstand auf den Ruinen der antiken griechischen Stadt Tyras, die sich dort im sechsten Jahrhundert v. Chr. befand. Eine besondere Sehenswürdigkeit ist die Festung Belgorod-Dnjestrowsk, ein gut erhaltenes, wertvolles historisches Baudenkmal aus dem Mittelalter. Neben der alten Festung werden in Ausgrabungen immer wieder Teile der altgriechischen Kolonie Tyras gefunden.

Festung Belgorod Dnjestrowsk

Ausgrabungen in der Festung

Und ganz am südlichen Ende der Ukraine und der Odessa-Region, an der Grenze zu Rumänien, liegt die kleine Stadt **Wilkowo**. Wilkowo bedeutet auf Russisch Gabel und wurde als Ortsbezeichnung gewählt, weil die drei großen Wasserarme, die von dem Ort in Richtung Meer fließen, die Form einer Gabel aufweisen. Das ganze Gebiet des Donaudeltas steht unter Naturschutz und wurde von der UNESCO zum Weltkulturerbe erklärt. Wilkowo wird wegen seiner Lage am Wasser und den zahlreichen Kanälen (genannt „Jeriki") als „Venedig der Ukraine" bezeichnet. Der Kilometer null der Donau und das malerische Delta sind unbedingt einen Besuch wert.

Wilkowo

Ein guter Standort für die Ausflüge in die Umgebung ist der südwestlich von Odessa gelegene, ruhige Ort Sergejewka. Im Sommer findet man dort ein kleines Paradies vor: Natur pur!

Ein Gemisch aus Süß- und Salzwasser im an den Liman angrenzenden Meer macht das Baden zu einem wahren Vergnügen. Erholungsheime unterschiedlichen Standards bieten Unterkunft und Verpflegung zu günstigen Preisen und mit verhältnismäßig gutem und freundlichem Service. Kleine Kutter bringen Bade- und Sonnenhungrige an den Strand, der durch einen Streifen Land vom Liman getrennt ist.

Mit dem Kutter über den Liman ans Meer

Übernachtung in der Ferienanlage „Liman"

Ferienanlage „Liman",
mit Restaurant, Bar, Sauna, Schwimmbad, Billard u.a.
ul. Nabereschnaja-Roterchema 14, Sergejewka
Tel. +380/4849/47143, Mob. +380/67/7990524
E-Mail: info@liman.com.ua

Zunehmend befassen sich örtliche Odessaer Reiseveranstalter damit, die reizvollen Naturschutzgebiete um Odessa herum für den sogenannten „Grünen Tourismus" zu erschließen. Wanderungen, im Boot durch Kanäle fahren, Angeln und vieles mehr stehen da auf dem Programm. Übernachtet wird entweder in Ferienhäusern oder in Zelten. Proviant wird mitgeführt oder auf Märkten unterwegs gekauft. Der Verzicht an Komfort wird kompensiert durch nachhaltiges Naturerleben.

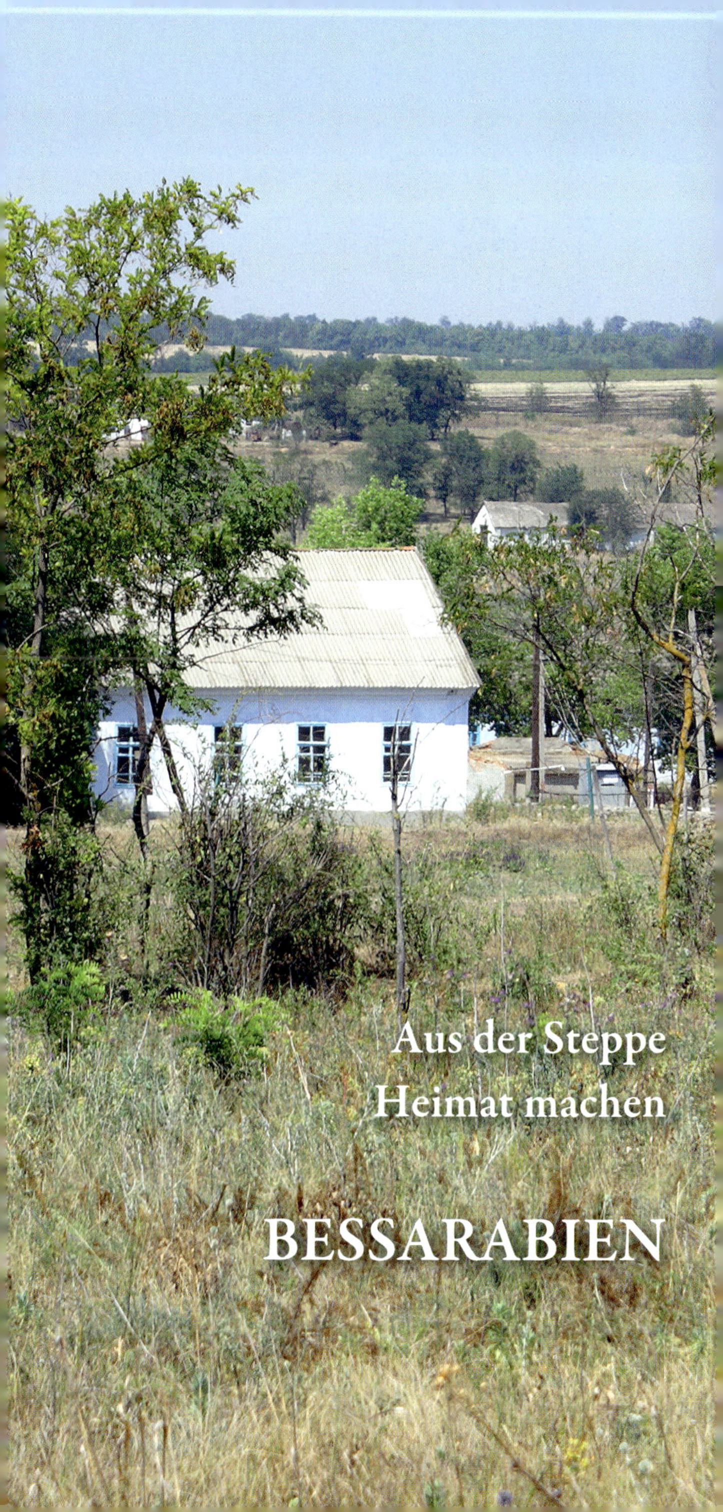
Aus der Steppe
Heimat machen
BESSARABIEN

Altes Bauernhaus

Wer könnte es ahnen, dass die Familien, die einst in den alten, teils dem Verfall preisgegebenen Bauernhäusern lebten, zur Blüte Odessas beigetragen haben? 1814 kamen die ersten deutschen Kolonisten nach Bessarabien in die Südwestukraine. Sie besiedelten das leere Land, bauten sich schmucke Häuser und entwickelten Getreide- und Weinanbau. Das Getreide und andere landwirtschaftliche Produkte lieferten sie nach Odessa. Von dort wurde es verschifft. Das brachte dem ganzen Land Wohlstand. Bessarabien reicht heute vom Südwesten der Ukraine bis zum Südosten Modawiens. Einfach war es nicht für die Siedler im fremden Land. Der Ausspruch: „Den ersten der Tod, den zweiten die Not, erst in der dritten Generation das Brot",

Kinder unterwegs in Bessarabien

spiegelt die Kargheit und die Schwierigkeiten wider. Auch aus anderen Ländern kamen damals Siedler. Sie brachten nicht nur ihr Wissen mit, sondern auch die Ortsnamen wie Paris, Leipzig, Straßburg und andere. Die Menschen hatten der Steppe eine neue Heimat abgerungen.

Das russische Gouvernement Bessarabien umfasste eine Fläche von knapp fünfzigtausend Quadratkilometern. Von 1814 bis 1842 siedelten rund neuntausend Deutsche auf fast einhundertfünfzig Hektar und gründeten zahlreiche Kolonien.

Grabsteine deutscher Siedler

1918 wurde Bessarabien rumänisch. Bei einer Volkszählung 1930 waren 2,8 Pozent der Gesamtbevölkerung Deutsche. 1940 wurden knapp hunderttausend Bessarabien-Deutsche nach Polen umgesiedelt. Von dort flohen sie 1945 nach Deutschland. Heute gehört das Gebiet Bessarabien im nördlichen und südlichen Teil zur Ukraine und im mittleren Teil zu Moldawien. An die Deutschen erinnern nur noch die alten Bauernhäuser. Um die Erinnerung wachzuhalten, veranstaltet einer, der bei der Umsiedlung dabei war, Reisen in die ehemalige Heimat. Heute ist es selbstverständlich, dass jährlich mehrere hundert Personen mit großen Reisebussen durch die Steppe geschaukelt werden. Sie besuchen ihre Geburtsorte, oder sie wollen wissen, wo ihre Vorfahren gelebt haben. Beispiele für wieder erstandene oder neu errichtete Bau- und Kulturdenkmäler machen die Reise zu einer Balance zwischen Vergangenheit und Gegenwart: die Kirche und das Gemeindehaus in Sarata, die Kirche in Albota, das Friedhofstor in Friedensfeld, das Bauernmuseum in Friedenstal. Edwin Kelm, selbst Bessarabien-

Kirche in Lichtental

Gedeckte Tafel für hungrige Reisende

Deutscher aus Friedenstal, verschafft der Spurensuche System. Viele der Älteren erinnern sich. Bei den alten Grabsteinen deutscher Siedler hat es schon manche freudig-traurige Begegnung gegeben, wenn Reisende auf die Namen ihrer Vorfahren treffen.

Von Odessa aus gelangt man in das Gebiet der Bessarabiendeutschen mit dem Bus oder der Marschroutka. Auch bei Kelm direkt lassen sich Reisen von Deutschland aus buchen. Dies hat den Vorteil, dass man geführt wird, dass der Tisch in Friedenstal gedeckt ist, und dass einem alle Steine aus dem Weg geräumt werden.

Bauernmuseum in Bessarabien

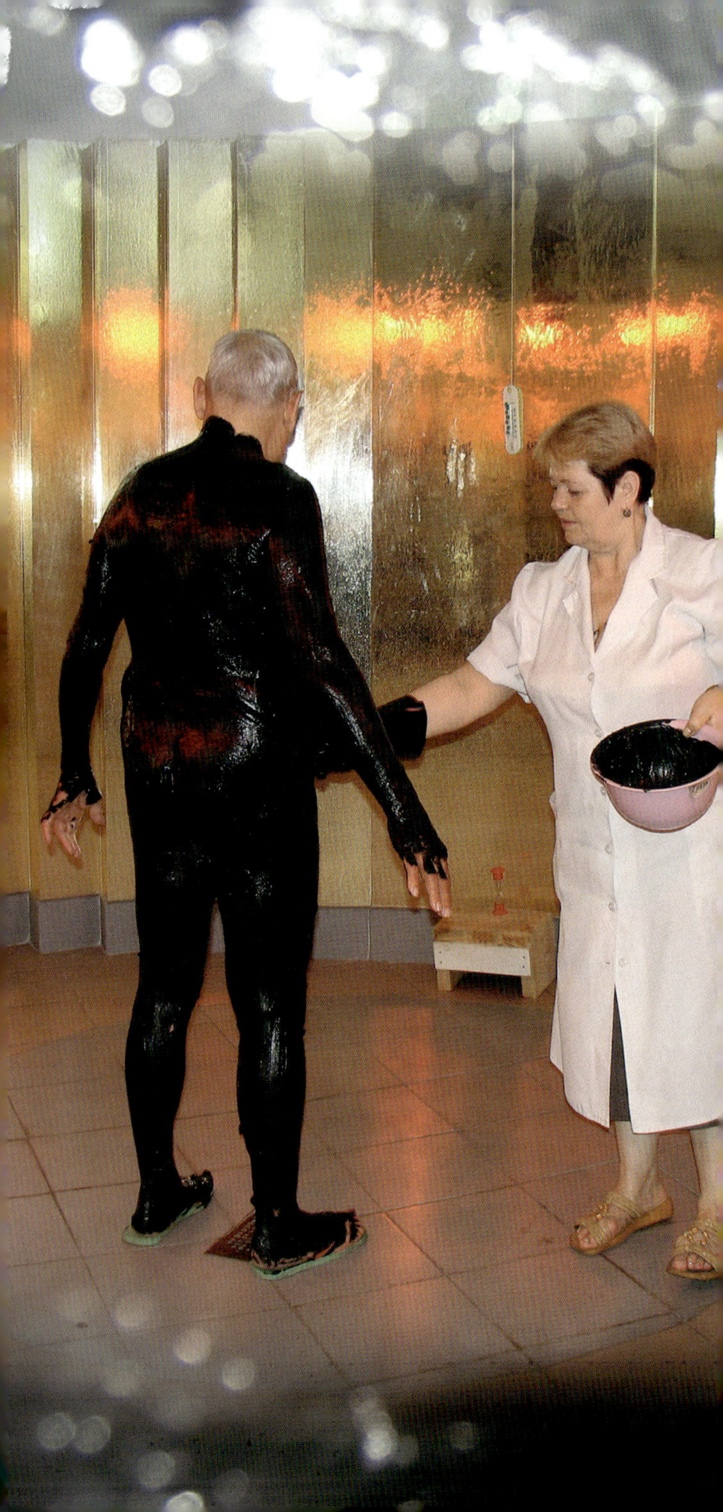

Dreckig und gesund

Heilschlamm, Kuren, Sanatorien und chinesische Akupunktur

Wenn man es genau übersetzt, müsste man eigentlich sagen, Odessa sei ein „dreckiges Kurgebiet". Was übersetzt „Dreck" heißt, ist gesund und wird Heilschlamm genannt. Es gibt ihn rund dreizehn Kilometer nordöstlich von Odessa im Kujalnik-Liman. Man reibt sich damit ein, lässt ihn eine Zeitlang wirken und wäscht ihn dann wieder ab.

Die Schlammbäder werden bei den unterschiedlichsten Erkrankungen angewendet. Sie sollen Entzündungen entgegenwirken, das Immunsystem stimulieren, sich positiv auf geschädigte Organe und den gesamten Organismus auswirken. Eine wichtige Rolle dabei spielt die so-

Kurbehandlung im Lermontow-Sanatorium

genannte Rapa. Die Flüssigkeit wird getrunken und wirkt aufgrund ihres hohen Salzgehaltes heilend bei Magen- und Darmerkrankungen. Das Nervensystem soll davon profitieren, Arthrosen und Arthritis sowie Rheuma sollen geheilt werden. Bei Hautleiden, Frauenleiden, Impotenz, Prostatabeschwerden, Bronchialerkrankungen und vielem mehr wird der Heilschlamm als Medizin eingesetzt.

Erstmals hatte der Arzt Erast Andrijewskij 1833 die Heilkraft des mineralhaltigen Schlammes erkannt und daraufhin die städtischen Behörden Odessas von der Gründung einer Heilanstalt überzeugt. 1841 wurden die ersten Holzbauten errichtet, in denen Patienten mit Schlamm behandelt wurden. Später entstanden feste Gebäude

Sanatorium „Lermontow"
(F4)
Lermontowskij Prowulok 2
65014 Odessa
Tel. +380 /48/ 7243118
Preis pro Tag: ab 25 Euro je nach Zimmerkategorie

aus Stein. Während der Sowjetzeit wurde eine Reihe von Hochhäusern errichtet, um Menschen aus der ganzen Sowjetunion unterzubringen. Kurz nach der politischen Wende erlebte der Kurort „Kujalnik" eine Krise, von der er sich zunehmend erholt. Denn die heilende Wirkung des Schlamms wird geschätzt. Schmerzende Stellen oder bei Bedarf der ganze Körper werden damit eingerieben. Unter Wärmeeinwirkung von Sonne oder Rotlicht krustet sich die braune Masse am Körper fest. Nach etwa zwanzig Minuten wird alles abgewaschen. Damit auch die Sanatorien in Odessa und Umgebung ihre Gäste mit Heilschlamm behandeln können, wird die braune Masse aus dem Kujalnik-Liman auch verschickt.

Unter anderem der in den Limanen vorkommende Heilschlamm hat Odessa als Kurstadt berühmt gemacht. Freilich sind viele Sanatorien vernachlässigt und haben keinen westlichen Standard. Einige sind in Privatbesitz übergegangen, wurden oder werden umgebaut. Die Sanatorien liegen durchweg an landschaftlich schönen Plätzen der Stadt. Man findet sie entweder direkt am Strand oder in Strandnähe. Im Erholungsgebiet „Arkadija", was so viel wie Paradies heißt, gibt es gleich mehrere. Wer abenteuerlustig ist und auch mal mit weniger Komfort auskommt, kann von einer Kur in einem der Sanatorien gute Heilerfolge erwarten. Am besten bucht man dies über Mittelsleute in der Ukraine oder nutzt eine Kurzreise nach Odessa, um für einen Erholungsurlaub in aller Ruhe das richtige Sanatorium zu finden.

Der etwa sechzig Kilometer südwestlich von Odessa gelegene Kurort Karolino-Bugas – Satoka ist ein sich schnell entwickelndes touristisches Zentrum. Der Ort liegt an

Zum Kujalnik-Liman gelangt man vom Bahnhof aus mit dem öffentlichen Marschroutentaxi Nr. 110 oder dem Bus Nr. 110

Das „Pirogowa"-Sanatorium ist die bekannteste Kureinrichtung im Kujalnik-Liman. Es liegt an der ul. Limana; eine Hausnummer wird nicht angegeben; jeder Taxifahrer findet leicht dorthin.

Kontakt:
Tel. +380 /48/ 751 51 13
http://odecca.ru/sanatorium_kuyalnik.shtm
Preise: ab 20 bis 65 Euro je nach Zimmerkategorie

Über die Sanatorien informiert ein Odessaer Reisebüro in der ul. Bolschaja Arnautskaja 8/18.

Die Buchung kann über das Internet erfolgen. Senden Sie Ihre Wünsche mit Angabe Ihres Familiennamens, der Zahl der Personen inkl. Altersangaben, evt. Anzahl der Kinder, Ihrem Wunschdatum sowie der gewünschten Zimmerkategorie und eventuellem Transferwunsch vom Bahnhof oder Flughafen an die E-Mail-Adresse: uss-tour@ukr.net.
Tel./Fax + 380 /48/ 728 80 20
www.ODECCA.RU/lechenie_kuyalnik.htm und
www.ODECCA.RU/sanatorium_kuyalnik.shtm

der Stelle, wo der Dnjestrliman in das Schwarze Meer mündet. Diese zwanzig Kilometer lange Landzunge galt schon immer als eines der besten Erholungsgebiete der Region. Auf der einen Seite Salzwasser, auf der anderen Süßwasser sowie der Geruch der Steppe locken im Sommer Tausende von Besuchern an. Die sauberen Sandstrände sind bis zu hundert Meter breit. Die Badesaison dauert von Mitte Mai bis etwa Mitte Oktober. Die durchschnittliche Lufttemperatur beträgt 24° bis 28° Celsius, die Wassertemperatur 19° bis 23° Celsius. Es gibt zahlreiche Ferienwohnungen von wirklich billig bis teuer. Zunehmend entstehen immer mehr moderne und komfortable Ferienhäuser, die gerne für den ganzen Sommer vermietet werden.

<u>Sanatorium „Odessa"</u>
zehn Gehminuten vom Meer entfernt; Platz für etwa dreihundert Gäste. Exotische Pflanzen zieren das Gelände. Am Strand gibt es Cafés und Restaurants.
Französischer Boulevard 52,
Tel. +380 /48/ 746 51 44,
+380/ 482/ 63 62 25
Preis pro Tag: ab 20 bis 38 Euro je Zimmerkategorie

<u>Sanatorium „Gorkogo"</u>
am Ufer im Süden der Stadt;
Fontanskaja Doroga 165,
Tel. +380 /482/ 63 03 38
63 44 94

<u>Sanatorium „Moldova",</u>
in Arkadija, Sauna, Unterwasserdusche und Massage, Tennisplätze, Billard, Schwimmbad mit Mineral- und Meereswasser.
ul. Posmitnogo 2
Tel. +380 /482/ 63 95 85
63 12 69

Im Allgemeinen sind Naturheilverfahren und alternative Heilmethoden in der Ukraine beliebter als pharmazeutische Produkte. Eine davon ist die chinesische Akupunktur. In Odessa bekommt man sie von echten Chinesen.

Juan Dun und seine Nadeln

Behende sticht der kleine Mann die bis zu fünf Zentimeter langen Nadeln ein. Seine langen grauen Haare sind zu einem Pferdeschwanz zusammengebunden, der bis zum Gesäß reicht.

Die neunzig Jahre sieht man dem aktiven Chinesen nicht an. Seit über vierzig Jahren lebt und praktiziert er in dem Dorf Altestowo, rund dreißig Kilometer nordwestlich von Odessa. Obwohl kein einziges öffentliches Verkehrsmittel in den abgelegenen Ort führt, sind Duns Praxisräume jeden Tag in der Woche zwischen acht und zehn Uhr überfüllt. Die Leute finden durch Mundpropaganda zu ihm. Dun behandelt alle, die zu ihm kommen, arm oder reich, ohne Ausnahme. Das Honorar wird individuell festgelegt. Wie, das erfährt man nicht. Es geht diskret und niemand fühlt sich beobachtet oder übervorteilt. Immer wieder behandelt er auch umsonst, einfach, weil er die Menschen oder deren Sache schätzt. Da wird keine Patientenkartei geführt oder akribisch die Krankengeschichte erforscht. Die Nadeln sitzen immer richtig.

Dun kam in die Ukraine, weil er vor Mao Tse-Tungs Repressalien aus China geflüchtet war. In der Ukraine hat man ihn zunächst beargwöhnt. Er hauste anfänglich in einer kleinen Hütte. Die Patienten brachten ihm als Dank etwas zu essen, ein bisschen Milch, Brot, Eier. Zeitweise wollte man ihm das Behandeln sogar verbieten und tat alles, um ihn regelrecht zu vertreiben. Dun erhielt weder Land noch eine Wohnung. Erst nachdem er einen der damaligen Regierungsvertreter erfolgreich mit seinen Nadeln von einer Krankheit befreite, ging es aufwärts.

Nikolaj Wasiljewitsch, wie er von den Einheimischen nach russischer Manier genannt wird, ist nicht nur im Süden der Ukraine anerkannt. Auch in Kiew und sogar in anderen Ländern kennt und schätzt man ihn. Den Namen Nikolaj haben ihm die Einheimischen gegeben, nach dem heiligen Nikolaus, der Wunder wirkte. Und weil man nach altukrainischer Sitte auch einen Vatersnamen braucht, haben sie kurzerhand Wasiljewitsch daran gehängt.

Dun hat viel vor. Kulturaustausch liegt ihm am Herzen. Man müsse eine Brücke bauen zwischen den Ländern. Kultur stehe immer an erster Stelle, meint er. Kultur und vor allem Musik seien die besten internationalen Verständigungsmittel. Angeregt unterstreicht er seine Ausführungen mit den Händen und Armen. Seine lebendigen dunklen Augen strahlen.

Tel. +380 /67/ 48042 98

7
10
ЦІНА 1КГ
4

Essen, Trinken, Ausgehen

Baron Münchhausen und die beste Fischsuppe

Odessa ist ein Paradies für Schlemmer. Bei dem Angebot von Köstlichkeiten ist fast kein Missgriff möglich: frische Meeresfische, japanische Sushis, italienische Nudeln, prämiertes wohlschmeckendes Weizenbier, gebraut nach deutschem Reinheitsgebot im westukrainischen Schitomir, vielfältige Würste, Lamm-, Schweine- oder Kalbfleisch, der berühmte ukrainische Speck „Salo", ohne den nichts geht, und natürlich nahezu überall der ukrainische Borschtsch, die Kohlsuppe oder „ukrainische Minestrone". Die Aufzählung könnte unendlich fortgesetzt werden. In den zahlreichen Cafés und Restaurants in Odessa gibt es für jeden Geschmack etwas. Auch die schnelle Küche ist vertreten. An mehreren Stellen der Stadt gibt es Buffets zum Selbstbedienen. Etwa am Griechischen Platz (Gretscheskaja Ploschtschadj) im Untergeschoss des Einkaufszentrums „Tawria W", oder die „Scharju Parju"Filialen mit einem vielfältigen Angebot köstlicher Speisen an der Ecke ul. Gretscheskaja / ul. Preobraschenskaja oder in der ul. Uspenskaja, Ecke ul. Puschkinskaja. Fast überall wird Saft aus frischen Früchten gepresst.

In Odessa schmeckt fast alles gut, egal was man bestellt. Aber wo anfangen, aus der Vielfalt etwas auszuwählen, wenn Sie hungrig sind, werden Sie sich vielleicht fragen? Lassen Sie sich einfach von der Eingebung führen, und kehren Sie dort ein, wo es Sie hinzieht. Speisekarten gibt es außer in Russisch und Ukrainisch meist auch in Englisch und manchmal sogar in Deutsch.

Markt „Priwos"

Irischer Pub
„Mick O'Neills"
In der Nähe der Oper, gemütlich, guter Service, Live-Musik, sieben Sorten Fassbier, irische Küche
ul. Deribasowskaja 13
Tel. +380 /48/ 721 53 33

Vielleicht machen Sie auch einen Ausflug auf einen der Märkte und besorgen sich etwas zum selber Anrichten. Auf dem zentralen Markt „Priwos" in Bahnhofsnähe finden Sie spätestens ab dem Frühjahr Berge von frischen Fischen aufgetürmt. Darunter armdicke Aale, schwergewichtige

Café Slastjona

Klarabara
ruhiges Café / Restaurant
im Stadtgarten mit Freisitz
unter Bäumen, geöffnet
von 9 bis 24 Uhr
Tel. +380 /482/ 37 51 08
+380 /48/ 741 33 31

Lachsforellen, köstlichen Beluga, eine große Störart mit Schwarzkaviar (sehr lecker und sehr teuer) Karpfen, Zander, Makrelen, Flundern, Forellen, Anschovis, eine Vielzahl geräucherter Fische und Kaulköpfe. Letztere sind in Odessa sehr beliebt. Die kleinen Fische leben im Schwarzen Meer, haben einen großen Kopf und keine Gräten. Die Auswahl bietet etwas für jeden Geschmack und jedes Portemonnaie. Die Preise für ein Kilo können zwischen eineinhalb bis sechzig UAH pro Kilo liegen, umgerechnet etwa 0,25 bis 9,50 Euro.

Auch andere frische Lebensmittel sind in reichhaltiger Auswahl vorhanden: Gemüse, preiswert und knackig: glänzende schwarzlila Auberginen, große und kleine Paprikaschoten, duftende gelbe, rosa und rote Tomaten, eine breite Palette an Kartoffelsorten, einheimische und exotische Obstsorten, Spezialitäten der östlichen Küche und vieles mehr.

Typisch ist in Odessa nur die Vielfalt!

Der Fisch spielt in der Stadt am Schwarzen Meer selbstverständlich eine große Rolle. Das berühmteste Fischgericht von Odessa ist der sogenannte

Estrellita
mexikanische Küche
ul. Ekaterininskaja 1
Tel. +380 /482/ 37 29 20

Art Café
Ruhige Atmosphäre, Konzerte mit klassischer Musik oder Jazz, Sportfernsehen
ul. Gretscheskaja 25
Tel. +380 /48/ 728 78 38

gefüllte Fisch (farschyrowannaja ryba). Das ursprünglich jüdische Essen gehört zu den typisch odessitischen Gerichten. Gefüllten Fisch gibt es zu jeder Festlichkeit als Vorspeise.

Kumanetz
heißt übersetzt: Weingefäß; das Lokal hat ein gutes Preis-Leitungs-Verhältnis und bietet freundlichen Service
ul. Gawannaja 7
Tel/Fax +380 /482 / 37 69 46

Nur mit dem Wein ist das so eine Sache: Obwohl Odessa seit einigen Jahren anerkanntes Weinanbaugebiet ist, fällt die Qualität der Verarbeitung sehr unterschiedlich aus. Unter ein und demselben Etikett kann sich die Qualität des Weins in dem ganzen Spektrum von sehr gut bis mäßig bewegen. Zum einen wird die veraltete technische Ausstattung dafür verantwortlich gemacht, zum anderen wird gemunkelt, die Mitarbeiter der Keltereien würden ihre schwarz produzierten Weine verkaufen, um dadurch ihren Lohn aufzubessern. Man darf also nicht zuviel vom Wein erwarten oder sollte gleich die besseren und teureren Sorten aus Georgien oder Moldau trinken. Diese Weine gibt es in den Läden von 30 UAH an (etwa 4,50 Euro) aufwärts. Im Restaurant entsprechend teurer, ab ca. 70 UAH (10 Euro) und mehr für eine Flasche guten moldawischen Wein.

Kumanetz: Servicepersonal in nationaler ukrainischer Tracht

Restaurant Kurkul

Ukrainische Küche

Unter den ukrainischen Restaurants in Odessa sind „Kumanetz", „Kurkul" und „Lasunka" die populärsten. Sie sind nach alter ukrainischer Tradition mit Tongefäßen, bunten Decken, bestickten Servietten und vielem mehr dekoriert. Es gibt dort vorrangig erstklassige ukrainische Küche und westeuropäische Gerichte. Zur nationalen ukrainischen Küche gehören die bekannte ukrainische Rote-Bete Suppe „Borschtsch", ukrainische „Wareniki", die mit Kartoffeln, Pilzen oder Kraut gefüllten Teigtaschen, serviert mit gebratenen Zwiebeln und/oder einer Art Schmand, oder süß, gefüllt mit Kirschen.

Noch eine Bemerkung zum Wein, die man sich in Odessa erzählt: Da es in Odessa, der in der Steppe entstandenen Stadt, immer wenig Wasser gab, trank man gegen den Durst Wein (nur manchmal gemischt mit Wasser). Er wuchs und wächst

Alye Parusa heißt wörtlich übersetzt „Rote Segel"

Im Alye Parusa, einem der ältesten Cafés der Stadt, wird die Geschichte von Odessa lebendig. Zu seiner Eröffnung kam eigens der berühmte russische Liedermacher Bulat Okudschawa angereist.
Das Restaurant bietet europäische und ukrainische Küche; geöffnet von 12.00 bis 24.00 Uhr.
ul. Ekaterininskaja 14
Tel. +380 / 48 / 725 34 38 und 725 34 39

Greenwich
nobles Restaurant, sehr teuer und sehr gut! Zu empfehlen: die Fischsuppe und der georgische Wein Zinandali
ul. Bunina 21,
Ecke Richeljewskaja
Tel. +380 /482/ 34 74 01

bis heute in vielen Innenhöfen bis in die Fenster der Häuser hinein.

In den meisten der zahlreichen Restaurants, Cafés und Gaststätten in Odessa, in denen die Küchen der Welt vertreten sind, gibt es, im Gegensatz zu den festen Bewirtungszeiten in Deutschland, keine zeitlichen Begrenzungen. Man bekommt nahezu immer und überall etwas zu essen, in manchen Restaurants sogar die ganze Nacht hindurch.

Mario's
zwei gute italienische Restaurants in der ul. Sadowaja 15 und der ul. Ekaterininskaja,
Speisen werden auf telefonische Bestellung auch ins Haus geliefert
Tel. +380 /48/ 777 00 00

„Kurkul“ bedeutet „reicher Bauer”. Das Restaurant liegt direkt am Strand Lancheron. Vom Zentrum aus ist es in zwanzig Minuten zu Fuß oder in fünf Minuten mit dem Auto zu erreichen. Ausstattung und Lage müssen hier zweifellos mitbezahlt werden. Dafür gibt es dort aber auch einzigartig leckere „Wareniki“ und einen Wodka aus eigener Produktion. Und natürlich eine große Auswahl vorzüglich zubereiteter ukrainischer Speisen.

Kurkul
ukrainische Küche,
Schewtschenkopark /
Strand Lanscheron
große Terrasse
Tel. +380 /48/ 735 38 73
www.kurkul.od.ua

Das Lokal „Kumanez“ (übersetzt „Tongefäß“, wie es für Milch oder andere Getränke benutzt wird) liegt im Stadtkern an der Ecke der ul. Lanscheronowskaja und ul. Gawannaja ein paar Meter von der ul. Deribasowskaja entfernt. Sehenswert ist der bemalte Ofen.

Die familiäre Brauerei
Großes Bierlokal im Stadtgarten nach deutschem Vorbild, zu erkennen an der deutschen Aufschrift „Hausbrauerei”; sehenswert die eigene Kleinbrauerei mit vier verschiedenen Biersorten; unbedingt probieren!
ul. Gawannaja 6
Tel. +380 / 48 / 777 88 88

Empfang im „Lasunka"

Das Restaurant „Ukrainska Lasunka" liegt an der Ecke der ul. Deribasowskaja und ul. Ekaterininskaja. Der Name des Restaurants bedeutet „Leckermäulchen". Der einstige Laden war wegen seiner Süßspeisen berühmt. Heute gibt es dort vielfältige Mittags- und Abendmenüs.

Steakhaus
Fleisch- und Fischgerichte vom Grill, populär und zentral, geöffnet von
9.00 bis 24.00 Uhr
große Auswahl an Fassbieren
europäische Küche
ul. Deribasowskaja 20
Tel. +380 /482/ 34 87 82
www.steak.od.ua

Im Norden von Odessa, in einer gepflegten Grünanlage mit See außerhalb der Stadt, wird die Geschichte des Barons Münchhausen lebendig. Wie eine historische Burg wirkt das gleichnamige Restaurant mit

Münchhausen
Tel. +380 /482/ 59 10 04
und 59 10 05
Geöffnet von 12.00-24.00 Uhr

Restaurant Münchhausen

Restaurantzeile

historischer Einrichtung aus Holz. Im Obergeschoss gibt es zwei Doppelzimmer. Nicht dass es im Zentrum nicht genügend gute Restaurants gäbe. Aber ein Ausflug zum „Baron Münchhausen" ist ein Erlebnis, wenn man von der Hek-

Mozart (Hotel)
Internationale Küche,
gegenüber der Oper;
ul. Lanscheronowskaja 13
Tel. +380 /482/ 37 93 94
und 37 69 00 und 37 89 00

Hotel / Restaurant Mozart

Usbekische Restaurants
„Schalimar"
(übersetzt „Gärten der Liebe")
liegt in der ul. Gretscheskaja
neben dem russischen Theater
ab 21.00 Uhr Bauchtanz
Tel. +380 /48/ 777 47 47

„Ansidan"
in der ul. Genueskaja,
Sommerterrasse, nicht weit
vom Strand Arkadija
Tel. +380 /48/ 785 47 72

tik des Stadttreibens ausruhen möchte. Sehr gute gemischte Küche mit fernöstlichen Spezialitäten. Beim Grillen kann man zuschauen. Anfahrt mit Auto oder Marschroutentaxis von Odessa aus Richtung Norden, Posjolok Kotowskogo, Juschnij. Die Abfahrt von der Straße nach rechts zum Restaurant ist beschildert. Marschroutentaxis Nr. 190 halten an der Hauptstraße. Das letzte Stück geht man zu Fuß.

und Café Salieri neben der Oper

Unterhaltung

Wer Unterhaltung, Ablenkung und Zerstreuung sucht, findet sie im Sommer sowohl in der ul. Deribasowskaja als auch am Strand Arkadija. Das Leben pulsiert dort. Viele Lokale, Clubs, Bars oder Casinos im Zentrum und in den Erholungszonen locken die Nachtschwärmer an. Zahlreiche Clubs bieten Shows, Rock- und Popmusik Viele spielen Live-Musik. Die Auswahl an hochprozentigen Getränken ist groß, die Küche europäisch orientiert.

Schalanda
am Strand Lanscheron
köstliche Speisen, gepflegte Terasse zum Meer hin, freundlicher Service
Tel. +380 / 48 / 787 10 10, 787 45 52

Palladium / Nachtclub
Italienischer Boulevard 4
Tel. +380 /48/ 728 66 51
E-Mail: palladium@ukr.net

Club „Jo"
Diskothek mit (Live)Musik in vier Sälen
Polskij Spusk 4, Eintritt
Tel. +380/ 482/ 37 15 15

Ibiza
Nachtclub am Strand Arkadija, nur im Sommer von Mai bis September in Betrieb, Showprogramm, Jazz- und Popkonzerte
Tel. +380 / 48 / 777 02 05
E-Mail: itaka1@ukr.net

Praetoria Musicclub
ul. Lanscheronowskaja 26
Tel. +380/ 48/ 726 64 84

Itaka

Ibiza
Diskothek unter freiem Himmel am Strand Arkadija, im Sommer einfach spitze
Tel. +380 /482/ 34 91 88

Wein aus der Steppe

Kaum verlässt man Odessa nach Südenosten hin, beginnen die ausgedehnten Weinfelder. Städtische Zivilisation weicht beschaulicherer Lebensart. Weit und breit säumen Weinstöcke den Weg. Dazwischen rollt so manches Pferdefuhrwerk am Straßenrand entlang. Hin und wieder kreuzen Schafherden oder Rinder den Weg. Das warme und sonnige Klima der Region lässt die Trauben gut gedeihen. Holländer, Schweizer und Franzosen haben das erkannt und sind 1822 als Kolonisten in die südlich von Odessa gelegene Gegend um die heutige Stadt Schabo gezogen, um dort Wein anzubauen. Sie

Pferdefuhrwerk bei Schabo

haben eigene Rebsorten mitgebracht und neue gezüchtet. „Schabo", „Franzuskij Boulevard", „Odesskij Step" sind einige der zahlreichen Weine der Odessa-Region. Im Weinkeller von Schabo lagert der Wein in bis zu vierhundertfünzig Jahre alten Fässern. Und voller Stolz auf ihre Weine erzählen die Mitarbeiter, dass Odessa auf dem gleichen Breitengrad wie Burgund und Bordeaux liege. Aber nicht jeder Wein lässt sich mit diesen Vorbildern vergleichen. Die Trauben schmecken alle gut. Aber je nachdem, wie sie weiter verarbeitet werden, kann die Geschmackspalette von süß bis trocken und/oder

Weinkeller von Schabo

Weinverkostung in der ul. Deribasowskaja

sauer sämtliche Nuancen enthalten. Freilich sind auch sehr gute Weine darunter. Die Kellereien sind bemüht um ein gutes Resulat. Einige suchen ihren Platz auf dem internationalen Markt. Schließlich will man sich nichts nachsagen lassen in Sachen Qualität. Wie die ausgefallen ist, kann man

Wein-, Sekt- und Cognac Hersteller in Odessa

- **Franzuskij Boulevard, Franzuskij Boulevard 10, 65044 Odessa, Tel. +380/ 48/ 721 02 65, www.fbulvar.com.ua**
- **Christophe Lacarin, Tel. +380/ 50/ 921 03 33**
- **Odessaer Champagnerfabrik, Franzuskij Boulevard 36, 65058 Odessa, Tel. +380/ 482/ 63 07 09**
- **Schabo Weinkellerei, ul. Dscherdschinskogo 10-A, 67770 Schabo, Tel. +380/ 48/ 714 36 86, www.shabo.com**
- **Schustow, Cognac-Fabrik, ul. Melnizkaja 13, 65005 Odessa, Tel. +380/ 482/ 34 94 06, www.shustov.com**
- **Staatliches Wein-Versuchsgut „Tairowa", ul. Pobedy 1, 65496 Odessa/Tairowa, Tel. +380/ 48/ 7690963; Probierstand auf dem Markt „Priwos"; www.odstep.com.ua**

Französischer Wein aus der Ukraine

Auch heute interessieren sich ausländische Winzer für die Odessa-Region. Ein junger Franzose etwa hat ein paar Hektar Land erworben und will Weine nach französischem Vorbild herstellen. Konkurrent für die örtlichen Weinbauern darf er nicht sein. Sonst wird's brenzlig für ihn. Mehr als einmal bereits wurde ihm der Wingert abgefackelt. Beharrlich pflanzt er dennoch seine Reben an und verarbeitet die Trauben zu Rosé, Weiß- oder Rotwein. Über ein ausgeklügeltes System kommen Wein und Kunden zusammen: Die Interessenten pachten beispielsweise einen Quadratmeter seines Wingerts, mieten dazu eine bestimmte Anzahl von Flaschen, Korken und sonstige Utensilien der Weinherstellung und heuern den Franzosen als kompetenten Berater für die Verarbeitung der Trauben an. Der gekelterte Wein gehört somit schon vor der Reife der Trauben und deren anschließender Verarbeitung dem Kunden. Sogar die Etiketten werden mit den Namen der neu gekürten Winzer auf Zeit beschriftet und dürfen dann den Weg auf deren heimischen Tisch antreten.

alljährlich im September beim Weinfest mit Verkostung in der ul. Deribasowskaja feststellen. Eine Weinmesse für Fachpublikum findet jährlich im Februar statt. (Siehe auch Messen, S. 143) Eine Flasche ukrainischer Wein der Odessa-Region kostet umgerechnet zwischen zwei und fünf Euro oder mehr, je nach Sorte. Eine Führung durch eine der örtlichen Weinkellereien in Odessa und der Region sollte man sich nicht entgehen lassen.

Flaschenlager

Das Dach überm Kopf

Hotels, Datschas, Ferienwohnungen

Unterkunftsmöglichkeiten gibt es in Odessa in ausreichender Zahl. Die Stadt weiß schon aus Sowjetzeiten viele Touristen aufzunehmen. Preise, Ausstattung und Niveau der Angebote unterscheiden sich jedoch stark voneinander. Mit dem Begriff Datscha, dem beliebten Wochenend- oder Ferienhaus, bezeichnet man ein komfortables Haus, manchmal auch eine einfache Gartenhütte.

Auch bei den Hotels ist das Spektrum groß. Die Preise sind hoch für das, was an Leistung geboten wird. Dennoch gibt es auch Hotels in Odessa, in denen das Preis-Leistungs-Verhältnis einigermaßen stimmt.

Hotel Odessa * * * * *
Direkt im Hafen, 16 Stockwerke mit Blick auf die Stadt und den Hafen
Adresse: ul. Primorskaja 6
65026 Odessa
Tel. +380 /48/ 729 46 14
Fax +380 /48/ 729 46 33
E-Mail:
hotel@odessa-hotel.com.ua
Internet:
www.odessa-hotel-com.ua
Zimmerpreise /gestaffelt:
EZ 140 € – 980 € (Suite)
DZ 160 € – 980 € (Suite)

Gute Mittelklasse-Hotels und Frühstückspensionen sind so gut wie nicht vorhanden. Dafür ist der Markt an privaten Wohnungen, die für geschäftliche, private oder touristische Zwecke angemietet werden können, vergleichsweise groß. Für die Sommermonate und die Hauptreisezeit Juni bis August sollte man sein Quartier frühzeitig reservieren.

Wo es was gibt, können Sie unter anderem im Internet erfahren (siehe Anhang) oder bei den zahlreichen Immobilienmaklern in Odessa. Die Telefonnummern dazu gibt es in den einschlägigen Zeitungen an jedem Kiosk. Gerne helfen Ihnen die Reiseleiter, in Odessa ein passendes Quartier zu finden. Auch das Bayerische Haus

Arkadija Plaza Hotel * * * *
In Strandnähe, exklusives Hotel
Adresse: ul. Posmitnogo 1
65009 Odessa
Tel. +380 /482/ 34 18 00 und 34 17 70,
Fax +38 (0482) 68 80 08
E-Mail:
arcadia-plaza@com.od.ua
www.arcadia-plaza.com
Zimmerpreise: 138 – 450 €

Zentralhotel („Hotel Zentralnaja")
Älteres Hotel im Zentrum, Zimmer mit TV, Telefon
ul. Preobraschenskaja 40
65045 Odessa
Tel. +380 /48/ 726 84 06
+380/ 482/ 36 58 05
Fax +380 /48/ 726 85 18
E-Mail: arktur@paco.net
Zimmerpreise:
EZ 23 - 70 €, DZ 35 - 80 €

Hotel Frapolli * * * *
Im Zentrum von Odessa, direkt in der Fußgängerzone der ul. Deribasowskaja
Doppelzimmer, davon 4 VIP, Businesszentrum, Fitnessraum, Bar, Sauna
Adresse:
ul. Deribasowskaja 13
65026 Odessa
Tel. +380 /482/ 35 68 00, 35 68 01 und 35 68 02
Fax +380 /482/ 35 68 00
E-Mail: frapolli@te.net.ua
Zimmerpreise: 80 – 165 Euro

in Odessa verfügt über Adressen von Wohnungen für Gäste. Dort spricht man Deutsch. An anderen Stellen kommt man mit Englisch gut durch.

Die Auswahl der Hotels mit Angabe der Leistungen in diesem Kapitel dienen nur zur ersten Orientierung. Aktuelle Preise erfragen Sie bitte vor Ihrer Reise. Allerdings gilt hier: Auch innerhalb sehr gleicher Sternekategorie können die Standards und der Service sehr unterschiedlich ausfallen. Einige Hotels befinden sich in einer Phase der Teil- oder Gesamtrenovierung. Das kann sogar im selben Hotel zu sehr unterschiedlichen Preisen und Zimmerqualitäten führen.
Sowohl die Hotels im Zentrum als auch die großen neuen Hotelkomplexe in Strandnähe bieten meist die üblichen Standards für die Gäste an. Für einen kürzeren oder längeren Aufenthalt in einer Stadt mit Strandleben wie Odessa empfiehlt es sich, ein Appartement oder eine Wohnung zu mieten. Die liegen entweder im Zentrum oder in Strandnähe, sind sauber, je nach Kategorie gut eingerichtet, mit funktionierender moderner Einbauküche oder einfachem Herd und Spüle. Für jeden Geschmack gibt es etwas. Buchen können Sie die meisten

Hotel Passage * *
Zentrale Lage, historisches Hotel mit dem Charme vergangener Zeiten, entspricht noch nicht europäischem Standard.
Adresse:
ul. Preobraschenskaja 34
65045 Odessa
Tel. +380 /48/ 726 95 37
Fax +380 /48/ 728 55 02
Zimmerpreise 25 – 75 Euro

Hotel Palace del Mar * * * *
In Strandnähe, sehr schöne Terrasse mit Blick aufs Meer, Sauna, Fitness
Restaurantpreise westliches Niveau
Adresse:Chrystalnij Pereulok (Kristallgasse), 65062 Odessa
Tel. +380 /482/ 30 19 01
Fax +380 /482/ 30 19 33
E-Mail:
office@palace-del-mar.od.ua
www.palace-del-mar.od.ua
Neueröffnung nach Redaktionsschluß

Hotel Londonskaja * * * *
Ältestes Hotel der Stadt, direkt am Primorskij-Boulevard zwischen Rathaus und Potjomkin'scher Treppe. Es ist eines der schönsten in Odessa. Gebaut wurde es in der zweiten Hälfte des 19. Jahrhunderts. Damals stieg neben vielen anderen hier der berühmte russische Schriftsteller Anton Tschechow ab. Im Foyer Büro der Autovermietung Europcar.
Primorskij-Boulevard 11
65026 Odessa
Tel. +380 / 48/ 738 01 03
und 738 01 12
Fax +380/482/ 21 04 31
und +380 / 48 / 738 01 11
E-Mail:
londred@londred.com,
hotel@londred.com
Zimmerpreise: 96 - 500 Euro

Hotels direkt per Anruf und Faxbestätigung. In den großen Hotels spricht man meistens

Hotel Morskaja * * * *
Nah am Strand Arkadija, sehr gepflegt, Schwimmbad, Sauna, Fitnessraum
Pereulok Chrystalnij
(Kristallgasse) 1/1
65062 Odessa
Tel. +380 / 482 / 35 73 57
Fax +380 / 482 / 33 90 91
E-Mail: hotel@morskoy.com
Internet: www.morskoy.com
Zimmerpreise inkl. Frühstück und Benutzung der Hoteleinrichtungen:
107 (EZ) - 250 (DZ) Euro

Hotel Mozart * * * *
Im Zentrum, gegenüber der Oper
ul. Lanscheronowskaja 13
65026 Odessa
Tel. +380 / 482 / 37 93 94 und
37 69 00 und 37 89 00
Fax +380 / 482 / 37 98 94
E-Mail: themozarthotel@paco.net
victoriya@paco.net
Zimmerpreise: 90 - 283 Euro

auch Englisch, manchmal sogar Deutsch. Manche Hotels haben allerdings bei einer individuellen Direktbuchung höhere Preise, als wenn man mit einer Gruppe anreist und/oder örtliche Reiseveranstalter oder Bekannte einschaltet.

Appartements

Für ca. 30 bis 70 Euro pro Tag kann man in Odessa Appartements oder Wohnungen mieten. Der Markt für solche Ferienwohnungen ist sehr gut erschlossen. Am besten wendet man sich an eine der zahlreichen Vermittlungsagenturen in der Stadt. Auch am Bahn-

Hotel Otrada * * * *
Im Erholungsgebiet
ul. Ujutnaja 11, 65012 Odessa
Ausführlicher Internetauftritt
Tel. +380 /482/ 33 06 98
E-Mail:
contact@hotel-otrada.com
www.hotel-otrada.com
Zimmerpreise:
144 (EZ) - 750 (DZ) Euro

Hotel Palladium * * * *
Links vor dem Bahnhof, verhältnismäßig zentral, TV, sehr schöne Sauna (270 UAH pro Stunde für die ganze Sauna, ca. 10-20 Personen gleichzeitig möglich), Restaurant, Nachtclub
Italienischer Boulevard 4
65012 Odessa
Tel. +380 /48/ 728 66 51
728 77 30
Fax +380 /48/ 728 77 99
E-Mail: admin@hotel-palladium.com.ua
Zimmerpreise 70 – 200 Euro

Hotel Schwarzes Meer * * *
Zentrale Lage in der
ul. Rischeljewskaja 49
65011 Odessa
Trainingsraum mit etwas älteren Geräten vorhanden, Schwimmbad ca. 16 x 8 Meter, Kosten für ein Monatsabonnement inkl. Fitnessraum, Schwimmbad und Sauna 400 UAH (ca. 58 Euro)
freundliches Personal
Tel. +380 /482/ 30 09 04
Fax +380 /482/ 30 09 59
Zimmerpreise 50–130 Euro

hof gibt es ein Büro für die Wohnungsvermietung, oder im Internet findet man Adressen von Vermietern und Vermittlungsbüros. (siehe auch Odessa im Internet S. 174)

Sommerhäuser/ Datschas

Ein ganzes Haus unterschiedlicher Qualität kann man für ca. 600 – 1200 Euro pro Monat mieten. Je nachdem ob es eine bessere Gartenhütte ist oder ein komfortables Wohnhaus für zwei oder drei Familien. Unbedingt über Makler zu erfragen (siehe auch Odessa im Internet S. 174).

Die meisten besseren Hotels verfügen über eine Sauna. Meistens kann man die Sauna stundenweise anmieten. Der tatsächliche Personenpreis richtet sich nach der Größe der Gruppe und kann zwischen vier bis zehn Euro liegen. In manchen Hotels wird die Sauna öffentlich geführt, selten aber gemischt.

Hotel Krasnaja (Rotes Hotel) * * *
Sehr zentral, gegenüber der Philharmonie, schöne Fassade. Das Hotel wurde Ende des 19. Jahrhunderts von Alexander Bernardazzi entworfen und gehört zu den architektonischen Denkmälern der Stadt. Es war auch zu Sowjetzeiten eines der besten Stadthotels. Gegenwärtig wird es noch renoviert.
Adresse: ul. Puschkinskaja 15

Hotel Junost * *
Nähe Arkadija-Strand
ul. Pionerskaja 32
32 –75 Euro
Tel. +380 /48/ 738 04 04
Fax +380 /48/ 738 04 07

Mit hundert Prozent Direktinvestitionen wurde der außergewöhnliche und exklusive Hotelkomplex „Grand Pettine" im Süden Odessas errichtet. Die schmucke, im alten Odessaer Stil nachempfundene Häuserreihe schlängelt sich auf einer Fläche von zwei Hektar einen knappen Kilometer am Meeresufer entlang. Mehrere Architekten und Designer haben an den Plänen für die drei Etagen hohen Häuser gearbeitet. Verantwortlich für das Hotel zeichnen zwei Russland-Deutsche aus Kasachstan. Sie wissen sich auf dem ukrainischen und dem deutschen Markt zu bewegen. Als Unternehmer sind sie Risiken eingegangen und haben ein Hotel der Edelklasse errichtet, das bei zahlungskräftigen Russen beliebt ist. Es hat Platz für rund neunzig Gäste. Alle Zimmer gehen zum Meer hinaus und befinden sich im oberen Preissegment. Einzig das Restaurant für vierzig bis sechzig Personen soll mit zivilen Preisen am Wochenende Publikum

Grand Pettine * * * *
Exkusives Hotel im Süden Odessas, bevorzugte Lage mit flachem Strand
oberes Preissegment
Majatschnij Per. 8
65038 Odessa
Tel. +380 /48/ 729 55 80, 729 55 96
www.grand-pettine.com
Zimmerpreise:
95 (EZ) -350 (VIP) Euro

Hotel London * * * *
nobles Hotel nach englischem Stil mit Türsteher
ul. Uspenskaja 95
65045 Odessa
Tel. +380 /48/ 784 08 98
E-Mail:
info@london-hotel.com.ua
www.london-hotel.com.ua
Zimmerpreise:
95 (EZ) -350 (VIP) Euro

Hotel „Grand Pettine"

Odesskij Dvorik

aus der Stadt anlocken. Sauna, ein Billardsaal und ein Festsaal für zweihundertfünfzig Personen komplettieren die Anlage. Ein Jachthafen ist in Planung.

Hotel Lermontowskij * * *
nettes, neues Hotel mit vernünftigen Preisen in ruhiger Lage neben dem Lermontow-Sanatorium, großer, gepflegter Biergarten
Lermontowskij Per. 2a
65014 Odessa
Tel. +380 /48/ 717 78 77 / 79
E-Mail: lermontovskiy@ukr.net
Zimmerpreise:
42 (DZ) - 70 (EZ, DZ) Euro

Appartements Odesskij Dvorik * * * *
sympathisches neues Hotel mit 25 hellen Zimmern
ul. Uspenskaja19
65012 Odessa
Tel. +380 /48/ 777 72 71
Fax +380 / 728 75 73
E-Mail:
dvorik@online.ua
www.od-dvorik.od.ua
Zimmerpreise:
45 (EZ) -110 (DZ) Euro

Hotel Lermontowskij

Hotel Ayvazovsky * * *
historisches, renoviertes Gebäude, im Zentrum,
25 Zimmer, ul. Bunina 19
65026 Odessa
Tel. +380 /48/ 728 98 77
Fax +380 / 48 / 728 11 34
E-Mail: a-hotel@tarelka.net.ua
www.ayvazovsky.com.ua
Zimmerpreise:
62 (EZ) -105 (DZ) Euro

Hotel Continental * * * *
Historisches Zentrum
ul. Deribasowskaja 5
65026 Odessa
Tel. +380 /48/ 786 01 55,
786 03 99
E-Mail: hotelcont@utel.net.ua
www.continental-hotel.com.ua
Zimmerpreise:
114 (EZ) -390 (VIP) Euro

Eigene Welt in der Steppe

Die Ferienanlage von Alexander Krupin

Man muss schon etwas vom Wege abweichen, um das gepflegte und komfortable Feriendorf von Alexander Krupin zu finden. Am Kilometer Nummer 16 auf der autobahnmäßig ausgebauten Straße von Odessa nach Norden weist nach dem Café Mrija ein Schild mit der Aufschrift „Camping" nach rechts in eine kleine Straße. Nach etwa fünfhundert Metern beginnt die clubartige Ferienanlage.

Eine eigene kleine Welt befindet sich auf rund sechzehn Hektar mitten in der steppenartigen Landschaft. Verstreut zwischen Obstbäumen liegen ein Hotel mit zwölf Zweibettzimmern sowie mehrere Ferienhäuser unterschiedlicher Größe. Es gibt eine Sauna und die Möglichkeit zum Billardspiel. Vier Außenschwimmbecken von zweiundzwanzig Metern und einer Tiefe von zweieinhalb Metern bieten mit ihrem glasklaren Wasser im Sommer höchsten Badekomfort. Die Appartements der Ferienhäuser sind praktisch, modern und komfortabel eingerichtet. Alle haben gepflegte Bäder, einen Kühlschrank und sind mit Klimaanlage, Telefon und Fernsehen ausgestattet.

Ferienhaus

Preise und Leistungen:
220 – 400 UAH = ca. 35 – 63 € pro Nacht und Zimmer
400 – 550 UAH = 63 – 86 € pro Nacht im Appartement oder Ferienhaus,
Sauna auch für Gäste von außerhalb zu mieten
Restaurant, Bar, Café, großes Schwimmbecken, Kegelbahn
Tel. +380 /48/ 786 07-50/59/60, Mobil: +380 /67/ 730 82 63

Tschabanka

Wellness- und Erholungszentrum

In malerischer Landschaft nördlich von Odessa bietet die Anlage „Tschabanka" viele Möglichkeiten für die persönliche Rundumerneuerung mit Heilwasser. Drei Mal pro Tag erfolgt ein kostenloser Transfer zum Stadtzentrum.

Den Gästen stehen in mehreren Ferienhäusern komfortable Standarddoppelzimmer oder Luxuszimmer zur Verfügung. Es gibt ein Schwimmbad, einen Fitnessraum, Sport- und Tennisplätze, Minigolf, Billard, eine Pferderennbahn, Disco, Parkplätze und einen eigenen Badestrand in der Nähe. Konferenzservice mit moderner Präsentationstechnik rundet das Angebot ab.

Preise und Leistungen:

384 – 416 UAH = ca. 54 – 74 € pro Person inkl. drei Mahlzeiten und einer ärztlicher Erstberatung   ul. Gwardejskaja 59, 67570 Odessa
Tel. +380 /48 / 750 99 90, Fax +380 / 48 / 750 99 84
E-Mail: hotel@chabanka.tst.od.ua; www.chabanka.com.ua

Das Geschäft blüht

Tipps für Wagemutige

Odessa gehört zu den führenden Industriestädten der Ukraine und ist eine pulsierende Geschäftsstadt. In der Stadt gibt es viele neue Geschäfte und zahlreiche Märkte. Im Hafen herrscht geschäftiges Treiben.
Während der Sowjetzeit gab es in Odessa rund zweihundert Industriebetriebe im Maschinenbau, der Metallverarbeitung, der Leichtindustrie und der Nahrungsmittelindustrie. Es wurden Werkzeugmaschinen hergestellt, darunter schon moderne Maschinen mit Digitalsteuerung, mächtige Kräne, hydraulische Pressen sowie Pflüge und Anhänger für Kraftfahrzeuge. Nach dem Zerfall der Sowjetunion erlebten fast alle Betriebe eine Krise. Die Lieferung von Rohstoffen und Ersatzteilen aus anderen Staaten der ehemaligen Sowjetunion blieb aus. Etwa siebzig der zweihundert Betriebe mussten ihre Produktion einstellen. Die Lage verbessert sich zusehends. Dennoch sind größere Investitionen nötig, um neuen Schwung hineinzubringen. Messen, ein Tourismusförderprogramm der Stadt und andere Aktivitäten sollen Investoren anziehen.

Neben den Handelsbeziehungen und der Produktion von Gütern ist der Tourismussektor eine tragende Säule für das Geschäftsleben. Nachstehende einfache Verhaltensregeln und Tipps sollen Ihnen helfen, Ihre Geschäftskontakte in Odessa erfolgreich anzubahnen und aufzubauen. Weltanschauung und Wirtschaft sind eng verbunden.

Spiritueller Boden für die Wirtschaft

Es ist Sitte in slawischen Ländern, eine Geschäftsidee oder ein Projekt von einem Popen absegnen zu lassen. Wer auf diese Art ein Geschäft in Odessa beginnt, kann durchaus Pluspunkte bei den Partnern sammeln. Ansonsten gilt:

Alles dreht sich ums Geld

Wer in Odessa etwas aufbauen will, sollte unbedingt über ein festes Budget verfügen. Im eigenen Geldsäckel sollte man Reserven haben, um kleine oder größere Dienste gleich bezahlen zu können. Das erhält die Freundschaft. Ohne Geld gilt man nichts in der Geschäftswelt Odessas.

Wenn man jemandem ein außerordentliches Honorar bezahlen möchte, um bestimmte Geschäftsprozesse zu beschleunigen, kündigt man dies seinem Gegenüber freundlich als ein „sich bedanken" an. Zollbestimmungen orientieren sich an internationalen Regeln. Die Ein- und Ausfuhr größerer Geldbeträge muss deklariert werden.

Messen in Odessa

Mehrmals im Jahr finden auf dem Hafengelände von Odessa Messen statt. Eine der wichtigsten für potentielle Investoren ist das jährlich Anfang Juni stattfindende „Forum". Die Messen finden jedes Jahr zu ähnlicher Zeit statt. Auskünfte zu den Ausstellungsbedingungen oder zur Teilnahme bieten die Gebietsverwaltung oder Expo South-Service.

Der Hafen

Der Hafen ist zweifellos Odessas wirtschaftliches Kernstück für alles, was den Transport auf dem Seeweg und den Warentransit durch die südliche Ukraine angeht. Neben anderen arbeiten deutsche Fachleute in einem Gemeinschaftsunternehmen bei der Hafengesellschaft Odessas. Sie wollen den Containerterminal modernisieren, die Angebotspalette erweitern sowie die Qualität der Serviceleistungen verbessern. Der Containerumschlag hat sich seither kontinuierlich gesteigert. Auch andere Länder sind vertreten und warten darauf, mit von der

Gebietsverwaltung von Odessa
Boulevard Schewtschenko 4
65032 Odessa, Ukraine
Tel. +380 /48/ 718 92 76
+380 /48/ 724 23 36
Fax +380 / 482 / 35 63 93
E-Mail: Forum@Odessa.gov.ua
www.ved.Odessa.gov.ua

Expo South Service
Tel./Fax +380 /48/ 777 60 68,
728 60 68
E-Mail: info@expodessa.od.ua
www.expodessa.od.ua

Messen in Odessa (Auswahl)

Februar:	- Messe für Wein und Traubenverarbeitung - Messe für hochprozentige Getränke
April:	- Messe für Kommunikation - Tourismusmesse, parallel dazu Restaurant und Küchenmeister-Wettbewerbe, Boot und Tauchen
Mai:	- Sondermesse „Schönheitstechniken im 21. Jahrhundert"
Juni:	- Internationales Forum für Investitionen und Innovationen
August:	- Internationale Buchmesse „Grüne Welle"
September:	- Messe „Garantie und Sicherheit"

Weitere Messen zu Haus, Auto und anderen Themen

Partie zu sein, wenn der Hafen seine Pläne zum Ausbau Richtung Strand Lanscheron verwirklicht. Gute Perspektiven!

Odessa Hafen
Tamoschenaja Pl. 1
65026 Odessa / Ukraine
Tel. +380 / 48 / 729 35 00
Fax + 380 / 48 / 729 36 27
E-Mail: gdp@port.odessa.ua
Internet: www.port.odessa.ua

Wirtschaftsclub

In regelmäßigen Abständen tagt der Wirtschaftsclub des Ukrainisch-Bayerischen-Management- Trainingszentrums (UBMT) zum hilfreichen Gedankenaustausch.

UBMT Wirtschaftsclub
ul. Uspenskaja 60
65045 Odessa
Tel. +380 /48/ 715 01 20
Fax +380 /482/ 34 52 76
E-Mail:
admin@mba.odessa.ua

„Siebter Kilometer"

Der „Siebte Kilometer" ist keine Standortbezeichnung für Autofahrer, auch keine Messe, sondern der größte Großhandelsmarkt in der Ukraine. Auf einer Fläche von rund 1,5 km werden unter freiem Himmel nahezu alle Waren angeboten, die man für das tägliche Leben braucht. Fast alle kommen aus der Türkei und China. Weil sie dort von ukrainischen Händlern in großen Mengen bestellt werden und keine Firmennamen tragen, können sie in der Regel sehr preiswert verkauft werden. So manches Geschäft in der Stadt deckt sich dort mit Waren ein. In den letzten Jahren hat sich der Markt entwickelt und „zivilisiert". Es entstanden ganze Verkaufszeilen,

Odessaer Zollamt
ul. Gajdara 21 a
65078 Odessa
Tel. +380 / 482 / 64 94 33

in denen qualitativ hochwertige und verhältnismäßig teure Waren angeboten werden. Es lassen sich aber auch manche Schnäppchen finden. Vom Bahnhof und von mehreren Stellen der Stadt aus fahren Marschroutentaxis dorthin. Ein normales Taxi zu dem in Richtung Westen gelegenen Markt kostet zwischen zwanzig und dreißig UAH (etwa 4 bis 5 Euro) Die Wartezeit des Fahrers wird mit etwa 25 UAH (etwa 3,50 Euro) pro Stunde oder gleich als Pauschale berechnet.

Industrie- und Handelskammer
65011 Odessa
ul. Basarnaja 47
Tel. +380 /48/ 728 66 10, 777 20 96
Fax +380 /482/ 22 48 22
E-Mail: orcci@ricci.odessa.ua
Internet: www.orcci.odessa.ua

Investitieren in der Tourismusbranche

Die Schwarzmeerküste der Ukraine galt neben der Halbinsel Krim schon immer als Urlaubsparadies. Zur Sowjetzeit kamen Touristen vor allem aus sozialistischen Ländern ans Schwarze Meer. Mit dem Zusammenbruch der Sowjetunion brachen diese Touristenströme abrupt ab. Erst 1995 kam es zu einem erneuten Aufschwung. Die Statistik der Odessaer Gebietsverwaltung gibt etwa eine Million Touristen an, die jährlich mit Schiffen über das Meer oder den Dnjepr nach Odessa kommen. Zunehmend trauen sich auch Individualreisende nach Odessa, um die Stadt und das Umland auf eigenen Faust zu erkunden. Die Zahl der neuen Mittelklassehotels, die ordentliche Zimmer zu annehmbaren Preisen anbieten, reicht bei weitem noch nicht aus. Die zahlreichen geschichtsträchtigen Sanatorien in guter und meeresnaher Lage bieten sich für Investitionen an. Städtereisen nach Odessa sind nach wie vor eine Marktlücke.

Markt: „Siebter Kilometer"

Auf der anderen Seite der Sonne

Odessas soziale Situation

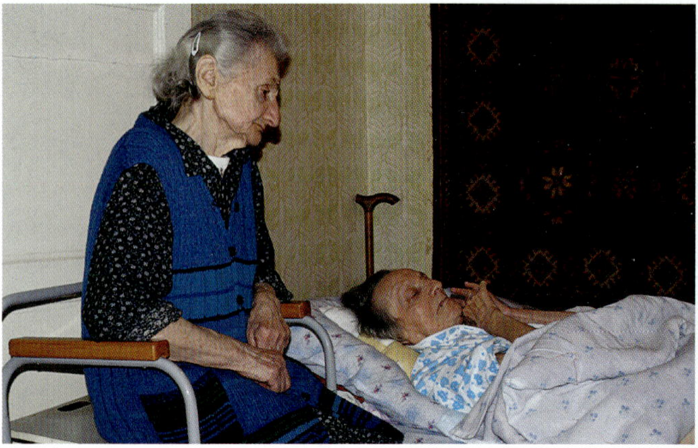

Odessa ist auch in Bezug auf seine sozialen Verhältnisse eine Stadt scharfer Kontraste. Auf der einen Seite ist sie eine prosperierende Handelsmetropole, mit nicht wenigen Menschen, die sehr viel Geld haben und das auch zeigen. Einen Mittelstand wie in Deutschland gibt es kaum. Die große Mehrheit der Bevölkerung kann von dem Geld, das sie in einem regulären Beschäftigungsverhältnis verdient, nicht leben. So haben fast alle, um bei den ständig steigenden Preisen über die Runden zu kommen, einen zweiten oder sogar dritten Job, den sie nach Feierabend, manchmal die ganze Nacht hindurch ausüben. Die vielen Supermärkte und Lokale, die oft 24 Stunden

und an jedem Tag der Woche geöffnet haben, bieten solche zusätzlichen Arbeitsplätze.

Schlecht geht es denen, die keinen festen Arbeitsplatz (mehr) haben, und denen, die alt und krank werden. Für sie herrschen in dieser Stadt mit ihrer glitzernden Fassade, den modisch gestylten Frauen und den vielen teuren Autos drittweltähnliche Zustände.

Odessa hat nicht nur die höchste Zahl an Menschen, die als HIV-positiv oder an Aids erkrankt registriert sind. Es gibt auch Straßenkinder, viele, die aus zerrütteten Familien kommen. Viele Menschen sind obdachlos und sammeln sich Essensreste und wieder Verwertbares aus den Mülltonnen. Immer wieder erfrieren im Winter Menschen in Kellerlöchern. Wer krank ist, wird nach dem Gesetz zwar kostenlos medizinisch versorgt, aber in der Realität muss er die Medikamente selbst bezahlen, und auch der Arzt ist nicht umsonst. Wer operiert werden muss, hat neben dem Arzt auch noch alle nötigen medizinischen OP-Mittel zu bezahlen. Kann er das nicht, steht es schlecht um ihn.

Die Ärzte in den Polikliniken und Krankenhäusern sind handwerklich in aller Regel sehr gut ausgebildet. Die technische Ausstattung aber befindet sich oft auf dem Stand wie in westlichen

Matuschka Serafima

Ländern in den Sechzigerjahren des letzten Jahrhunderts. Es gibt zwar eine Klinik für Privatversicherte, aber die sollte man auch nur für den Notfall in Anspruch nehmen. Insofern ist es besser, nicht ernsthaft krank zu werden. Bedauernswert, wer ein behindertes Kind hat. Die Versorgung beschränkt sich auf das Nötigste. Es gibt nur wenige staatliche Einrichtungen für behinderte Kinder. Eigens dafür ausgebildetes Personal gibt es nicht. Volljährige Kinder müssen die Eltern selbst betreuen.

Für Alte und Pflegebedürftige gibt es in der Stadt lediglich zwei Altenheime. Eine staatliche Altenpflegeausbildung kennt man in der Ukraine noch nicht. Das Personal ist, wenn es gut geht, an einer der

Hochschulen medizinisch (überwiegend theoretisch) ausgebildet. Wer zu Hause Pflege braucht, für den gibt es in aller Regel nur die völlig unzureichende Hilfe durch die Angehörigen. Diese haben aber selten die Zeit dazu. Wie man richtig pflegt, wissen sie natürlich auch nicht.

Das Frauenkloster in der ul. Uspenskaja unterhält eine Krankenstation. Dort gibt es Hilfe für alte Menschen. Mutter Serafima, Matuschka genannt, die Leiterin des Klosters, gilt in Odessa als geschickte Managerin. Wo es nur geht, bittet sie in Odessa um Spenden. Jeden Tag dürfen Bedürftige im Kloster kostenfrei ein Mittagessen zu sich nehmen.

Ein anderer riesiger Schutzengel schmückt unübersehbar eine Häuserecke im Haus des Engels in der ul. Puschkinskaja 51, Ecke Basarnaja. Innen befindet sich ein modernes Rehabilitationszentrum für behinderte Kinder. Gegründet wurde es 1996 von Boris Litwak. Kinder mit Störungen des Zentralnervensystems und des Bewegungsapparats lernen dort in verschiedenen Therapien, ihre Gliedmaßen zu kontrollieren und einen größeren Bewegungsradius zu erhalten. Das Haus wird durch Spenden finanziert, wie nahezu jedes soziale Engagement in Odessa.

Absolut neu und für Odessiten ungewöhnlich sind die Hausbesuche, die die Mitarbeiterinnen der Sozialstation der Deutschen-evangelisch-lutherischen Kirchengemeinde durchführen. Auf Umwegen sind auch die beiden über achtzigjährigen Schwestern Klara und Rosa zu dieser häuslichen Pflege gekommen. Täglich kommt die Altenpflegerin Irina in die kleine Wohnung, massiert der Kranken die Beine und hilft bei der Körperpflege. Die alten Menschen sind dankbar. Einer spielt sogar manchmal auf seinem Akkordeon etwas vor, wenn die Mitarbeiterin kommt, um seinen Blutdruck zu messen oder nur ein bisschen mit dem alleinstehenden neunzigjährigen Mann zu reden. Viele Stunden verbringen die freundlichen und geduldigen Helferinnen oft damit, die langen Wegstrecken zu überwinden. Viele Termine an einem Tag sind darum nicht möglich. Von der Diakonie der Kirchengemeinde geführte Weiterbildungsseminare für die Altenpflegerinnen sollen die Hilfe kontinuierlich verbessern. Diese Kurse sind die ersten Altenpflegekurse in der Ukraine und haben deutsches Ausbildungsniveau.

Für Wissenstransfer und Aufklärung setzt sich auch das Bayerische Haus in Odessa ein. Gemeinsam mit Partnern aus Deutschland arbeitet der Wohltätigkeitsfond an der Entwicklung von Maßnahmen, um die Ausbreitung der Immunschwächekrankheit Aids in Odessa einzudämmen. Im Zentrum der Bemühungen steht Aufklärung zur Vermeidung von weiteren Infektionen. Die Lehrer an allgemeinbildenden Schulen lernen, im Gesundheitsunterricht Aids-Prävention zu lehren.

Darüber hinaus wurde ein „deutsch-odessitisches-Anti-Aids-Netzwerk" entwickelt und ein mobiler und stationärer psychosozialer Beratungsdienst bei der Aids-Klinik der Region Odessa angesiedelt. Mit diesen Maßnahmen sollen vor allem die Schüler, aber auch Erwachsene Odessas für das Thema Aids sensibilisiert und medizinisches Personal geschult werden. Ziel ist, durch Aufklärung der Bevölkerung die Stigmatisierung und Diskriminierung der an HIV Infizierten und an Aids Erkrankten in der Region Odessa zu reduzieren. Die glitzernde Fassade der Stadt erhält somit noch eine andere Dimension.

Wie man hinkommt

- Anreise
- Einreise
- Aufenthalt
- Weiterreise

ВОКЗАЛ
ЗОНА
P

Einreisebestimmungen

Seit dem Jahr 2005 dürfen Bürger der Europäischen Union und der Schweiz in die Ukraine einreisen und sich dort bis zu neunzig Tage aufhalten. Touristen und Geschäftsleute können nun auch spontan nach Odessa reisen. Wer länger als neunzig Tage bleiben will und/oder über eine Organisation oder ein Unternehmen einen längerfristigen beruflichen Aufenthalt plant, benötigt immer noch ein Visum. In der Regel ist dafür eine Einladung aus der Ukraine erforderlich. Die aktuellen Bedingungen und Preise sind bei der Botschaft und den Konsulaten der Ukraine zu erfragen. Der Reisepass, in den das Visum eingeklebt wird, muss noch mindestens sechs Monate gültig sein.

Botschaft der Ukraine in Deutschland
Albrechtstraße 26
10117 Berlin-Mitte
Tel. 030 /28 88 72 20
Fax 030 /28 88 72 19
E-Mail:
konsulat@ukrainische-botschaft.de
Internet:
www.botschaft-ukraine.de

Botschaft der Ukraine in Österreich
Naaffgasse 23
1180 Wien
+43 / 1 / 479 71 72 - 21, 22
+43 / 1 / 478 36 02
Mo, Di, Do und Fr 09.00 - 12.00
www.ukremb.at

Ukrainische Generalkonsulate

Frankfurt
Brönner Straße 15
60313 Frankfurt a.M.
Tel. 069/ 29 72 09-0
0190/ 82 95 76
(gebührenpflichtig, 24 Std. lang)
Fax 069/ 29 72 09 29,
29 20 961
E-Mail: info@ukr-gk.de

München
Lessingstr. 14
80336 München
Tel. 089 / 55 27 370
Fax 089 / 55 27 37-55
E-Mail: gkukraine@aol.com

Hamburg
Mundsburger Damm 1
22087 Hamburg
Tel. 040 / 229 40 80
Fax 040 / 229 40 813

Für die Bearbeitungzeit eines Visums sollte man mindestens zehn Tage kalkulieren. Gegen eine höhere Gebühr sind auch Expressvisa möglich. Einige im Internet vertretene Agenturen bieten, gegen zum Teil hohe Gebühren, als Serviceleistungen die Visabesorgung zusammen mit einem Voucher (Hotelgutschein) an.

Je nach Abreiseort in Deutschland ist die Ukraine nach rund 2000 – 2500 Kilometern in vier Stunden oder zwei bis drei Tagen zu erreichen. Möglich ist die Anreise mit dem Flugzeug, mit dem Auto, mit Reisebussen oder mit der Bahn. Jede Reisemöglichkeit hat ihren Reiz.

Mit dem Flugzeug

Aufgrund von Kontingentkäufen haben in Deutschland so gut wie alle Reisebüros die Möglichkeit, günstigere Tickets zu verkaufen als die jeweiligen Fluggesellschaften. Die Preise bewegen sich zwischen ca. 300 und 600 Euro. Manchmal sind die auch höher, je nach Anbieter und Zeitpunkt der Buchung.

Reisen von fast allen großen Flughäfen in Deutschland nach Odessa werden derzeit (Stand Mai 2008) von folgenden Fluggesellschaften durchgeführt:

– Austrian Airlines (AUA), mit Umsteigen in Wien
– Baltic Air mit Umsteigen in Riga
– Carpatair mit Umsteigen in Timisoara
– Polnische Fluggesellschaft (LOT), mit Umsteigen in Warschau
– Tschechische Fluglinie (CZA) mit Umsteigen in Prag
– Ungarische Fluggesellschaft (MALEV), mit Umsteigen in Budapest.

Die reine Flugzeit dauert ca. drei Stunden. Die Reisedauer, inklusive beim Umsteigen, beträgt bis zu fünf Stunden. Wer besonders sparsam fliegen will, kann für die zwei Flugstrecken im Internet zwei unabhängige Tickets buchen. Das geht etwa mit Air Berlin bis Budapest oder Wien. In diesem Fall kann das zweite Ticket aber erst am Umsteigeflughafen gekauft bzw. dort am Schalter abgeholt werden. Umbuchen ist in diesem Fall nicht möglich oder mit dem Risiko verbunden, dass die Flugzeiten nicht miteinander harmonieren.

Mit dem Bus

Eine wirtschaftliche Alternative zu Bahn oder Flugzeug ist die Reise mit modernen, komfortablen Reisebussen. Meist wird mit MAN, Setra oder Neoplan-Bussen gefahren. Je nach Abfahrtort und Dauer der Grenzformalitäten kann die Fahrt etwa dreißig Stunden oder länger dauern. Der Preis beträgt abhängig von der Distanz ca. zweihundert Euro für die Hin- und Rückfahrt. Tickets sind im Internet buchbar. Auf Nachfrage transportieren die Busfahrer auch Frachtgut.

Ankunft mit dem Zug in Odessa

Busreise Veranstalter:

Becker Reisen
Bremer Str. 36
21255 Tostedt
Tel. +49/ 4182/ 28 11 0
Fax +49/ 4182/ 28 11 13
E-Mail:
info@Becker-Reisen.de

Dott-Kaufmann & Co
Odessa
Tel. +380 /482/ 60 44 34,
60 80 49
Deutschland
Tel. +49 /174/ 308 87 01 - 14

Kraft Reisen GmbH:
Deutschland:
Tel. +49 /721/ 35 44 90
Tel. +49 /40/ 2805 5851
www.kraft-reisen.de
Odessa
Ital. Boulevard 8
Tel. +380 /482/ 37 33 34

Nikodimus
65026 Odessa
ul. Gogolja 12, App. 24
Tel. +380 /48/ 716 56 01
E-Mail:
nikodimus@farlep.net

Mit dem Zug

Wer Zeit hat, kann gemütlich mit dem Zug nach Odessa rollen. Die Stadt ist je nach Abfahrtsort in rund 35 bis 40 Stunden zu erreichen. Insbesondere für Kinder ist die Fahrt im Schlafwagen nach Odessa sicher ein kleines, unvergessliches Abenteuer. Aktuelle Verbindungen finden Sie im Internet unter www.bahn.de.

Die Bahn DB

Anfahrt nach Odessa mit dem Zug

Bahnhof	Zeit		Zug	Bemerkungen
Berlin Hbf	ab	04:24	EN 347	EuroNight Reservierungspflicht, Schlafwagen, Liegewagen, Ruhesessel
Warszawa Centralna	an	10:40		
Warszawa Centralna	ab	11:05	IC 1305	Intercity Reservierungspflicht, Barwagen
Krakow Glowny	an	14:00		
Krakow Glowny	ab	14:05	D 73101	Schnellzug
Przemysl Gl.	an	17:58		
Przemysl Gl.	ab	19:24	D 52 D 107SH	Schnellzug Kurswagen, Schlafwagenzug Verkehrt als D 52 bis Lwow, danach als D 107SH
Odessa Gl.	an	13:20		

Dauer: 31:56; fährt nicht täglich, Verkehrstage Mo - Sa

Verbindungsbeispiel

Reisen von Odessa

Je nach Reiseziel bieten sich für die Weiterreise von Odessa aus verschiedene Verkehrsmittel an.

Ins Umland von Odessa

Mit Marschroutentaxis, z. B. nach Karolino Bugas, Sergejewka, Schabo und die Festung Belgorod-Dnjestrowsk, Preis 10 Griwna, Dauer etwa 1 Stunde

In die ukrainische Hauptstadt Kiew:

Mit dem Nachtzug in einer Nacht
Mit dem Auto über die 4-6-spurige Fernstraße in ca. 3-5 Stunden
Mit dem Reisebus vom Odessaer Busbahnhof aus

Auf die ukrainische Halbinsel Krim:

Mit dem Nachtzug nach Simferopol in ca. 36 Stunden
Mit dem Auto (ca. 650 km) in ca. einem Tag.
Mit dem Flugzeug von Odessa aus über Kiew nach Simferopol (etwas umständlich)
Mit klimatisierten Reisebussen vom Odessaer Busbahnhof aus

Nach Istanbul (Türkei):

Mit der Fähre Odessa-Istanbul, ca. 36 Stunden
Mit dem Flugzeug Odessa-Istanbul

Nach Varna (Bulgarien):

Mit dem Tragflächenboot (Katamaran)

Nach Poti (Georgien)

Mit dem Frachtschiff von Ukrferry

Nach Sotschi (Russland):

Mit dem Schiff

Mit dem Auto

Gute Reifen und gute Stoßdämpfer sollte das Auto auf jeden Fall haben. Etwas Mut, die gut rund zweitägige Reise in Angriff zu nehmen, gehört noch dazu. Der ADAC bietet Routenvorschläge an, die durch die Republik Moldau/Moldawien führen. Seit Januar 2007 hat auch Moldau die Visumpflicht aufgehoben. Die Grenzabfertigung verläuft nicht immer nach westeuropäischem Standard. Vorsicht – nicht über Transnistrien fahren! Praktischer ist die Route über Polen oder Ungarn. Man fährt dann in der Ukraine zuerst nach Osten und dann über Uman in den Süden nach Odessa. Die Strecke zwischen Kiew und Odessa ist mit einer autobahnähnlichen Straße sehr gut ausgebaut.

Straßenpolizei: Wer in der Ukraine schneller fährt als die Handmessgeräte der ukrainischen Miliz anzeigen, wird mit einem Stock herausgewinkt. In solchen Situationen hilft das Diskutieren selten. Erlaubt sind innerorts 60 km/h und außerhalb 90 km/h. Nach Entrichtung einer entsprechenden „Gebühr" kann man sofort weiter fahren. Die Fahrzeugpapiere sollte man auf alle Fälle parat halten. An der Grenze wird meistens auch die Fahrgestellnummer am Fahrzeug kontrolliert. Die Nummer des Kennzeichens wird im Pass eingetragen.

Rechtzeitig vor Antritt der Reise empfiehlt es sich, beim ADAC eine ADAC-PlusMitgliedschaft und eine Auslandskrankenschutzversicherung für den gesamten Zeitraum der Reise und alle Insassen zu erwerben. Im Notfall steht dann rund um die Uhr die deutschsprachige Notrufzentrale zur Verfügung, um von der Pannenhilfe vor Ort bis zum Krankenrücktransport ins Heimatland alles Notwendige zu organisieren.

Auf den Hauptverkehrsstraßen vermitteln motorisierte Polizeistreifen Hilfe.

ADAC Notrufnummern:

Notruf Ausland
+49 - 89 - 22 22 22

Medizinische Hilfe bei Notfällen im Ausland:
+49 - 89 - 76 76 76

TruckService
+49 - 7333 - 80 81 11

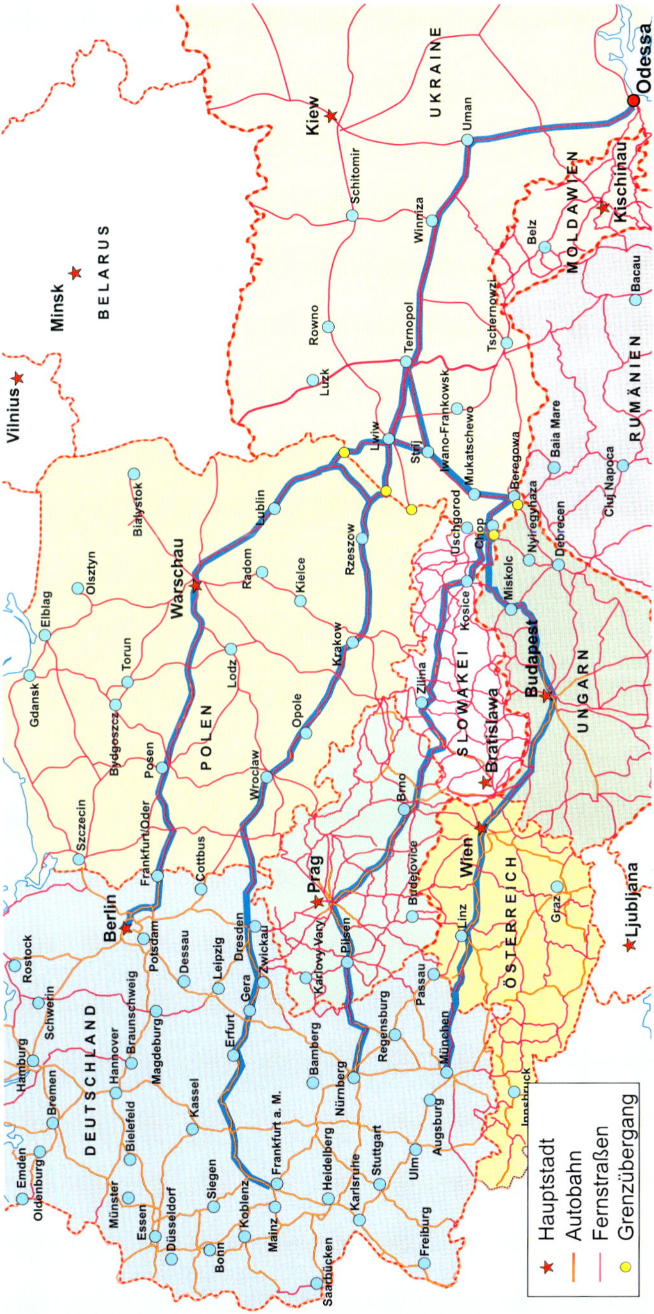
Hauptstadt
Autobahn
Fernstraßen
Grenzübergang
DEUTSCHLAND
POLEN
BELARUS
UKRAINE
MOLDAWIEN
RUMÄNIEN
UNGARN
SLOWAKEI
ÖSTERREICH
Berlin
Warschau
Prag
Wien
Bratislawa
Budapest
Kiew
Minsk
Vilnius
Kischinau
Ljubljana
Odessa
Emden
Oldenburg
Bremen
Hamburg
Rostock
Schwerin
Hannover
Bielefeld
Münster
Essen
Düsseldorf
Bonn
Koblenz
Siegen
Kassel
Braunschweig
Magdeburg
Potsdam
Dessau
Leipzig
Dresden
Erfurt
Gera
Zwickau
Mainz
Frankfurt a. M.
Saarbrücken
Heidelberg
Karlsruhe
Stuttgart
Nürnberg
Bamberg
Regensburg
Ulm
Augsburg
München
Freiburg
Passau
Innsbruck
Linz
Graz
Karlovy Vary
Pilsen
Budejovice
Brno
Szczecin
Frankfurt/Oder
Cottbus
Gdansk
Elblag
Olsztyn
Torun
Bydgoszcz
Posen
Lodz
Wroclaw
Opole
Krakow
Kielce
Radom
Lublin
Bialystok
Rzeszow
Zilina
Kosice
Miskolc
Uschgorod
Chop
Nyiregyhaza
Debrecen
Beregowa
Mukatschewo
Iwano-Frankowsk
Strij
Lwiw
Luzk
Rowno
Ternopol
Tschernowzi
Winniza
Schitomir
Uman
Belz
Baia Mare
Cluj Napoca
Bacau

Das Alphabet

Kyrillischer Buchstabe	Aussprache im Deutschen
А, а	A, a
Б, б	B, b
В, в	W, w
Г, г	G, g (nicht wundern - wird manchmal als w ausgesprochen)
Д, д	D, d
Е, е	E, e (E mit zwei Pünktchen wird wie jo ausgesprochen
Ё, ё	Jo, jo
Ж, ж	Sch, sch (stimmhaft wie in Journal)
З, з	S, s (stimmhaft wie in Sand)
И, и	I, i
Й, й	J, j
К, к	K, k
Л, л	L, l
М, м	M, m
Н, н	N, n
О, о	O, o
П, п	P, p
Р, р	R, r
С, с	S, s
Т, т	T, t
У, у	U, u
Ф, ф	F, f
Х, х	Ch, ch
Ц, ц	Z, z
Ч, ч	Tsch, tsch
Ш, ш	Sch, sch
Щ, щ	Schtsch, schtsch
Ъ	„hartes Zeichen“, ohne eigenen Lautwert
Ь	„weiches Zeichen“, ohne eigenen Lautwert
Ы, ы	Y, y
Э, э	Ä, ä
Ю, ю	Ju, ju
Я, я	Ja, ja

Die Aussprache im Deutschen orientiert sich ausschließlich am Sprachklang des gesprochenen Wortes. Sie hat mit der wissenschaftlichen Transkription nichts gemein. Der Akzent ´ über einer Silbe / Vokal bezeichnet die Betonung.

Deutsch	Russisch	Aussprache
Zahlen und Geld	**Числа и деньги**	**Tschísla i djengi**
0	ноль	nol
1	один	odín
2	два	dwa
3	три	tri
4	четыре	tschetýre
5	пять	pjatj
6	шесть	schestj
7	семь	sjem
8	восемь	wósem

9	девять	déwjatj
10	десять	désjatj
11	одиннадцать	odínnadzatj
12	двенадцать ...	dwenádzatj ...
20	двадцать	dwádzatj
21	двадцать один	dwádzatj odín
22	двадцать два ...	dwádzatj dwa
30	тридцать	trídzatj
40	сорок	sórok
50	пятьдесят	pjátjdesjat
60	шестьдесят	schéstdesjat
70	семьдесят	sémdesjat
80	восемьдесят	wósjemdesjat
90	девяносто	dewjanósto
100	сто	sto
200	двести	dwésti
300	триста	trísta
400	четыреста	tschetýresta
500	пятьсот	pjatsót
600	шестьсот	schestsót
700	семьсот	semsót
800	восемьсот	wosemsót
900	девятьсот	dewjatsót
1000	тысяча	týsjatscha
2000	две тысячи ...	dwé týsjatschi...
Ich möchte Geld tauschen.	Я бы хотел обменять деньги.	Ja by chotél obmenjátj dengi
Wie viel kostet das?	Сколько это стоит?	Skólko éto stóit?
Das ist zu viel.	Это много.	Äto mnógo.
Wie ist der Kurs heute?	Какой сегодня курс?	Kakój sewódnja Kurs?

Kennenlernen	Знакомство	Snakómstwo
Ich heiße ...	Меня зовут ...	Menjá sowút ...
Wie heißen Sie?	Как Вас зовут?	Kak Was sowút?
Wie heißt du?	Как тебя зовут?	Kak tebjá sowút?
Sprechen Sie Deutsch Englisch?	Вы говорите по-немецки по-английски?	Wy goworítje po-nemézki po-anglíjski?
Ich komme aus Deutschland.	Я из Германии.	Ja is Germánii
Wie geht´s?	Как дела?	Kak djelá?

Grüßen und Verabschieden	Приветствовать и прощатся	Priwétstwowatj i proschtschatsja
Guten Morgen	Доброе утро	Dóbroje útro
Guten Tag	Добрый день	Dóbryj dén´
Guten Abend	Добрый вечер	Dóbryj wétscher
Hallo	Привет	Priwét
Gute Nacht	Спокойной ночи	Spokójnoj nótschi
Auf Wiedersehen	До свидания	Do swidánija
Tschüs	Пока	Poká
Bis bald	До скорого	Do skórowo

Wochentage	Будные дни	Búdnye Dnu
Montag	Понедельник	Ponedélnik
Dienstag	Вторник	Wtórnik
Mittwoch	Среда	Sredá
Donnerstag	Четверг	Tschetwérg
Freitag	Пятница	Pjátniza
Samstag	Суббота	Subbóta
Sonntag	Воскресенье	Woskresénje

Monate	Месяцы	Mésjazy
Januar	Январь	Janwár
Februar	Февраль	Fewrál
März	Март	Mart
April	Апрель	Aprél
Mai	Май	Maj
Juni	Июнь	Ijun
Juli	Июль	Ijúl
August	Август	Àwgust
September	Сентябрь	Sentjábr
Oktober	Октябрь	Oktjábr
November	Ноябрь	Nojábr
Dezember	Декабрь	Dekábr

Freundlichkeiten	брожелательность	Dobroschelátelnost
Entschuldigung	Извините	Iswinítje
Bitte	Пожалуйста	Poschálujsta
Danke	Спасибо	Spasíbo
Ja	Да	Da
Nein	Нет	Net
Keine Ursache	Не за что	Né sa tscho
Das macht nichts	Ничего	Nitschewó (g wie w)
Darf ich?	Разрешите / можно?	Rasreschíte / móschno?
Geben Sie mir bitte ...	Дайте мне пожалуйста ..	Dájte mnje poschalista ...
Seien Sie so freundlich ...	Будьте любезный ...	Búdjte ljubésnyj ...

Wann?	Когда?	Kogda?
Wie spät ist es?	Который час?	Kotóryj tschas?

Wo geht's lang?	Где?	Gdje?
geradeaus	прямо	prjámo
nach rechts	направо	napráwo
nach links	налево	naljéwo
die Straße / die Küste entlang	вдоль улицы / побережье	wdol úlizy / poberésche
Wo ist ...?	Где ... ?	Gde ...?
Straße (in der Stadt)	Улица	Úliza
Weg, Fernstraße	Дорога	Doróga
Wie kommt man nach / zu ...	как пройти на / к ...	kak projtí na / k ...
Kreuzung	Перекресток	Perekrjóstok
Platz	Площадь	Plóschtschadj
Uferpromenade	Приморский бульвар	Primórskij bulwár
Park	Парк	Park

Wohin?	Куда?	Kudá?
nach Norden	на север	na séwer

nach Süden	на юг	na jug
nach Osten	на восток	na wostók
nach Westen	на запад	na sápad

Essen und Trinken | Еда и напитки | Jedá i Napítki

Kann man im Restaurant die Speisenfolge selbst wählen, gilt bei privaten Einladungen, Festen oder offiziellen Anlässen die Folge Vorspeise, Suppe, Hauptgericht. Achtung: Die Vorspeisentafel ist der üppigste, abwechslungsreichste und wichtigste Gang, bei dem zwischen den Trinksprüchen auch viel Wodka getrunken wird.

Bedienung	Обслуживающий персонал	Obslúschiwajuschtschij Personál
Fräulein	Девушка	Déwuschka
Junger Mann	Молодой человек	Molodój Tschelowjék
Kellner / in	Официант / ка	Ofiziánt / ka
Speisekarte	Меню	Menjú

Vorspeisen und Frühstück	**Закуски и завтрак**	**Sakuski i Sawtrak**
Speck (mit Knoblauch)	Сало (с чесноком)	Sálo (s tschesnokóm)
Salate	Салаты	Saláty
Brot	Хлеб	Chleb
Wurst	Кольбаса	Kolbasá
Butterbrot	Бутерброд	Butterbród
Suppen:	**Супы**	**Supy**
Borschtsch (ukr. Gemüsesuppe)	Борщ	Borschtsch
Bouillon	Бульон	Buljon
Fisch:	**Рыба**	**Ryba**
Aal	Угорь	Ùgor
Forelle	Форел	Foréll
Hering	Селёдка	Seljódka
Krabben	Креветки	Krewéttki
Lachs	Лосось	Losós
Stör	Осетрина	Osetrína
Scholle	Камбала	Kámbala
Zander	Судак	Sudák
Fleisch:	**Мясо**	**Mjáso**
Ente	Утка	Útka
Kalbfleisch	Телятина	Teljátina
Lammfleisch	Баранина	Baránina
Rindfleisch	Говядина	Gowjádina
Schweinefleisch	Свинина	Swinína
Frikadellen	Котлеты	Kotléty
Schnitzel	Шницель	Schnítzel
Steak	Стейк	Stejk
Innereien:	**Внутренности**	**Wnutrennostj**
Leber	Печень	Pétschen
Herz	Серце	Sérze
Hirn	Мозги	Mosgí
Zubereitung:	**Приготовление**	**Prigotowlénije**
gebacken	печеный	petschonyj
gebraten	жареный	schárenyj
gedünstet	тушёный	tuschónyj
gekocht	варёный	wárjonyj

geräuchert	капчёный	kaptschónyj
roh	сырой	syrój
Beilagen:	**Гарнир**	**Garnír**
Nudeln	Лапша	Lapschá
Reis	Рис	Ris
Kartoffeln	Картошка	Kartóschka
Pommes frites	Фри	Fri
Gemüse und Salate:	**Овощи и салаты:**	**Ówoschtschi i Saláty**
Blumenkohl	Цветная капуста	Zwetnája Kapústa
Gurken	Огурцы	Ogurzý
Kohl / Kraut	Капуста	Kapústa
Grüner Salat	Зеленый салат	Seljóny Salát
Pilze	Грибы	Gribý
Rettich	Редька	Rédka
Salat *	Салат	Salát
Tomaten	Помидоры	Pomidorý
Zwiebeln	Лук	Luk
Kräuter	Зелень	Sélen
Dill	Угруб	Ugrúb
Petersilie	Петрушка	Petrúschka
Radieschen, Rettich	Радис	Radís

* Salat bezeichnet meist ein Gemisch aus allerlei klein geschnittenen Zutaten wie Kartoffeln, Fleisch, Gurken, Krabbenstäbchen, Wurst usw. Die Bezeichnung „frischer Salat" meint überwiegend Gurken und Tomaten. Grüner Salat ist auf der Speisenkarte eher selten, kann aber je nach Restaurant extra bestellt werden.

Obst:	**Фрукты**	**Frukty**
Apfelsinen	Апельсины	Apelsíny
Äpfel	Яблоки	Jábloki
Aprikosen	Априкозы	Aprikósy
Bananen	Бананы	Banány
Erdbeeren	Глубники	Glúbniki
Johannisbeeren	Смородины	Smoródiny
Kirschen	Черешные	Tscheréschnyje
Mandarinen	Мандарины	Mandaríny
Pfirsich	Персик	Pérsik
Sauerkirschen	Вишня	Wíschnja
Weintrauben	Виноград	Winográd
Zitrone	Лимон	Limon
Gewürze:	**Праности**	**Pránosti**
Curry	Карри	Kárri
Muskat	Мускат	Muskát
Paprika	Перец	Pérez
Pfeffer	Перец	Pérez
Salz	Соль	Sol
Senf	Горчица	
Milchprodukte und Eier:	**Молоко и яйца**	**Molokó i Jajza**
Butter	Масло	Máslo
Eier	Яйца	Jájza
Joghurt	Югурт	Jógurt
Käse/Quark	Сыр/ Творог	Syr / Tworóg
Milch	Молоко	Molokó
Sahne	Сливки	Slíwki
Saure Sahne	Сметана	Smetána

Desserts und Süßes	Десерты и сладкое	Deserty i sladkoje
Eis	Мороженое	Moroschenoje
Pfannkuchen / Pfannküchlein	Блины / Блинчики	Bliny / Blíntschiki
Kuchen	Пирог	Piróg
Strudel	Штрудель	Strúdel
Zucker	Сахар	Sáchar
Honig	Мёд	Mjod
Marmelade	Джем	Dschäm

Nationalspeise Wareniki (Teigtaschen mit Füllung)

Wareniki mit	Вареники с	Waréniki s
- Kartoffeln	- картошками	- kartóschkami
- Kirschen	- вишнями	- wíschnjami
- Kraut	- капустой	- kapústoj
- Quark	- творогом	- twórogom
- Fleisch	- мясом	- mjásom
Guten Appetit!	Приятная аппетита!	Prijátnaja Appetíta!
Wohl bekomm's!	На здоровье!	Na sdarówje!

Alkoholische Getränke:	Алкогольные напитки	Alkogólnyje Napítki
Bier	Пиво	Píwo
Cognac	Коньяк	Konják
Likör	Ликёр	Likjór
Sekt	Шампанское	Schampánskoje
Wein	Вино	Winó
- trocken	- сухое	- suchóje
- halbtrocken	- полусухое	- pólusuchoje
- süß	- сладкое	- sládkoje
- halbsüß	- полусладкое	- polusládkoje
Wodka	Водка	Wódka

Nicht alkoholische Getränke	Безалкогольные напитки	Besalkogólnyje Napítki
Cappuccino	Капучино	Kaputschino
Espresso	Еспресо	Espresso
Kaffee	Кофе	Kófe
Tee	Чай	Tschaj
Saft	Сок	Sok
(Mineral) Wasser	(Минеральная) вода	(Mineralnaja) wodá
Prost!	На здоровье!	Na sdarowje!

Aufpassen: Auch in guten Lokalen wird einem der (fast) leere Teller häufig noch unterm Kauen weggeräumt.

Bezahlen bitte	Счет пожалуйста	Schtschot poschálista
Alles zusammen	Все месте	Wsjo wméstje
Getrennt	Отдельно	Otdélno
Es war sehr gut	Было очень вкусно	Býlo ótschen wúsna
Das ist für Sie (Trinkgeld)	Это для Вас.	Äto dlja Wás.

PRAKTISCHE HINWEISE

Apotheken

Gegen jede Krankheit ist ein Kraut gewachsen. Die zahlreichen Apotheken in Odessa bieten eine breite Palette pharmazeutischer Produkte aus westlichen Ländern, aus der Ukraine und aus Russland, zum Teil zu sehr günstigen Preisen an. Eine der ältesten und größten Apotheken Odessas ist die **Apteka Gaewskogo**. Sie liegt am Anfang der ul. Sadowaja, einen Katzensprung von der ul. Deribasowskaja entfernt, und ist wie viele andere Apotheken auch vierundzwanzig Stunden lang geöffnet. Allein das renovierungsbedürftige Haus und das historische Ambiente im Inneren sind sehenswert.
ul. Sadowaja 21,
Tel. +380 /48/ 722 24 08

Autovermietung

Die Preise für einen Kleinwagen liegen bei 50 Euro pro Tag oder 275 Euro für eine Woche.
Europcar, im Hotel Londonskaja, Primorskij-Boulevard 11
Tel./Fax: +380 /48/ 777 40 11
E-Mail: ua@europcar.relc.com
Internet: www.europcar.ua

Hertz im Hotel Odessa, Passagierterminal
Tel.: +380 /48/ 735 30 67
und 729 33 58
Internet: www.hertz.com.ua

Ortsunkundige mieten besser gleich ein Auto mit Fahrer. Das verursacht weniger Stress. Bei den einheimischen Anbietern werden für Fahrten außerhalb der Stadt 2,80 UAH pro Kilometer berechnet. Das sind etwa 0,40 Euro. Eine Stunde warten kostet 24 UAH, ca 3 Euro. Tel. +380 /482/ 35 53 55.

Banken & Geldwechsel

Die Währung in der Ukraine heißt Griwna (abgek. UAH). Eine Griwna hat 100 Kopeken. Die zahlreichen Wechselstuben in

den Straßen von Odessa haben bis spät in die Abendstunden hinein geöffnet, um Valuta in einheimische Währung zu tauschen. Kurse 1 € = 7,40 UAH, 1 US-$- 5,03 UAH (Stand März 2008)

Bezahlen

In den meisten größeren Geschäften und Hotels kann man mit den gängigen Kreditkarten (Visa, Master Card, American Express u.a.) bezahlen.

Camping

Rund zehn Kilometer von Odessa Richtung Norden liegt der mit Bäumen bewachsene Touristenkomplex **„Delphin"**, mehrere Steinhäuschen mit sanitären Anlagen, Kühlschrank, TV für 2–4 Personen, umgerechnet ca. 8–14 Euro pro Person, je nach Kategorie; Zeltplatz 2 Euro pro Platz inkl. Frühstück. Gute Sportmöglichkeiten, Sauna auf dem Territorium, Adresse:
Nikolaewskaja Doroga 307
65117 Odessa
Tel. +380 /482/ 55 22 23
Tel./Fax: +380 /48/ 758 46 40
E-Mail: Camping@odessa.net,
www.delfin.odessa.ua
Gegenüber, direkt am Strand, liegt der Campingplatz mit Hotel **„Malibu"**. Auf dem kleinen, ziemlich gepflegten und mit Bäumen bepflanzten Territorium gibt es 27 Häuschen, meist DZ, mit Dusche, Toilette, TV. Preise pro Haus, ab ca. 30 Euro oder 47 Euro (mit Klimaanlage) plus 1,60 Euro für Bettwäsche; Zusatzbett für Kinder möglich; Restaurant, Bar, Disco, Billard;
Nikolajewskaja Doroga 307
Tel. +380/ 48/ 755 54 14

Delphinarium

Dass Delphine kluge und äußerst emfindsame Tiere sind, lässt sich bei den unterschiedlichen Showprogrammen im Delphinarium am Strand Lanscheron beobachten. Ein Besuch lohnt sich. Eintritt: Kinder 20 UAH (ca. 3 Euro), Erwachsene 30 UAH (ca. 5 Euro).
Tel. +380/48/777 35 35
und 777 36 36

Diplomatische Vertretungen

Bulgarien
ul. Posmitnogo 9, 65062 Odessa
Tel. +380/48/746 65 54
und +380/48/746 65 58
Fax +380/48/746 65 48

Deutschland
Einführung eines Honorarkonsulats geplant. Informationen über die Botschaft der Bundesrepublik Deutschland in Kiew
Tel. +380/ 44/ 247 68 00
www.kiew.diplo.de/
Vertretung/kiew/

Georgien
ul. Tolstogo 30, 65020 Odessa
Tel. +380 /48/ 726 47 27 und
726 47 28

Griechenland
ul. Preobraschenskaja 32
65026 Odessa
Tel +380 /48/ 786 05 70
Fax +380 /48/ 786 05 71
www.grconsodessa@paco.net

Italien
Korrespondenzkonsulat
ul. Ekaterininskaja 3/3
65026 Odessa
Tel. +380 /482/ 37 69 80

Polen
ul. Uspenskaja 2/1
65014 Odessa
Tel. +380 /48/ 729 39 36
und 729 44 13

Rumänien
ul. Basarnaja 31, 65026 Odessa
Tel. +380 /48/ 725 09 99
Fax +380 /482/ 722 09 28

Russische Föderation
Gagarinskoje Plato (Arkadija)
65012 Odessa
Tel. +380 /48/784 15 44
und 715 03 78
Fax +38 /482/ 42 88 57

Südafrika
(Honorarkonsulat)
ul. Maraslijewskogo 2/Whg. 8
65014 Odessa
Tel. +380/482/24 20 59

Türkei
Primorskij-Boulevard 11
65026 Odessa
Tel. +380/482/34 72 75 und 34 72 67, +380/48/729 44 25

Einkaufen

Im Zentrum gibt es zahlreiche Geschäfte. Die meisten sind teuer, aber es gibt auch preiswerte Läden. Wer die Fahrt zum „siebten Kilometer", dem größten Markt in der Ukraine, nicht scheut, kann bei einem Bummel manches Schnäppchen finden. Auf dem Großhandelsmarkt kaufen große Teile der Bevölkerung von Odessa und Umgebung ein, sowie auch Großhändler aus anderen Städten der Ukraine. Viele Waren kommen aus der Türkei nach Odessa.

In den Läden in der Stadt gibt es nahezu alles. Goldgeschäfte bieten eine große Palette von Schmuck an. Auch in Antiquitätengeschäften kann man hochwertigen Goldschmuck finden. Groß ist die Auswahl an Pelzen aus Russland und natürlich aus Italien (aber ungleich teurer). Wer Zeit für drei Anproben in ca. zwei Wochen hat, kann sich in Odessa preiswert Maßkleidung anfertigen lassen. Ein Preisbeispiel: Eine Damenjacke wird für rund fünfzig Euro Arbeitslohn genäht.

Auf dem Künstlermarkt gibt es Mineralien, Kunstgewerbe, Bilder und Souvenirs. Und die Passage sollte man unbedingt gesehen haben.

Lebensmittel und Gebrauchsgüter kauft man am besten auf den Märkten unter freiem Himmel. Der größte davon ist der „Priwos" in Bahnhofsnähe. Beliebt ist auch der „Neue Markt" in der ul. Torgowaja. Die Märkte sind im Sommer von etwa 7.00 bis 19.00 Uhr geöffnet.

Fitness

Zahlreiche Hotels betreiben Saunen, Solarien, Fitnesszentren und Schwimmbäder und beschäftigen Masseure. Hotelgäste dürfen die Einrichtungen meist kostenfrei nutzen. Externe Besucher können vergleichsweise preiswerte Monats- oder Wochenabonnements erwerben oder jeden Besuch einzeln bezahlen. Die Preise schwanken je nach Standard des Hotels und der Einrichtung und beginnen bei etwa 8 Euro (siehe Kapitel „Das Dach über dem Kopf").

Tennis spielen kann man auf folgenden Plätzen:

Tennisakademie,
Schewtschenkopark
Tel. +380 /482/ 34 68 21

Devolanowskij
Tamoschenaja Ploschtschadj 1
Tel. +380/48/729 49 88

Laun-Tennisclub
Französischer Boulevard 85
Tel. +380/ 48/ 780 01 00
und 780 02 00

Djuk, ul. Raskidajlowskaja 56
Tel. 732 15 47

Olympiez, Prospekt Schewtschenko 31 a, Tel. 60 25 85
Die Preise pro Stunde betragen zwischen 4 und 8 Euro. Eine Trainerstunde kostet etwa 8 Euro.

Geldautomaten

Im Zentrum der Stadt gibt es zahlreiche Geldautomaten, an denen man mit EC- oder Kreditkarte problemlos Beträge bis zu 4000 UAH (umgerechnet etwa 600 Euro) der ukrainischen Währung abheben kann.

Hafen

Siehe Kapitel „Schwarzes Meer und Hafen - Odessa Lebensgrundlagen " (S. 86 – 103)

Internetcafés

Zunehmend verbreitet sich das öffentlich zugängliche Internet, auch über WLAN in Odessa. Hier einige Adressen im Zentrum:

Café Fanconi
(sehr schnelle Verbindung)
ul. Ekaterininskaja 15/17
Tel. +380/ 482/ 34 66 66

T 21, ul. Sadowaja 5
Tel. +380 /48/ 728 64 79

Aleks, ul. L. Tolstogo 32

X-box, ul Ekaterininskaja 4

Submarina
ul. Preobraschenskaja 49/51
Tel. +380 /482/ 37 71 97

EXE
ul. Malaja Arnautskaja 117
Tel. +380 /48/ 716 57 09

Marschroutentaxi

Medien

In Odessa werden zur Zeit rund zwanzig örtliche Zeitungen und Zeitschriften in russischer und ukrainischer Sprache herausgegeben. Es gibt neben den terrestrischen Radio- und Fernsehkanälen zahlreiche Sender über Kabel und/oder Satellitenantenne digital zu empfangen. Ausländische Zeitungen in Originalsprache sind leider in Odessa noch nicht erhältlich.

Medizin

Wer ein wirklich ernsthaftes gesundheitliches Problem hat, kann sich an eine der in jedem Stadtbezirk befindlichen Polikliniken wenden. Am besten nimmt man eine einheimische Person oder eine/n Dolmetscher/in mit. Die Ärzte sind freundlich und professionell. Die Behandlung ist kostenfrei. Jedoch wird in den Kliniken gegen Quittung gerne eine Spende angenommen. Diese Quittungen werden von den deutschen Krankenkassen zur Erstattung anerkannt. Neben den staatlichen Polikliniken gibt es private Kliniken, die meistens besser ausgestattet und damit auch teurer sind, nicht immer aber besser.

Die Klinik „Intosana" wirbt mit westlichem Ambiente.
ul. Warnenskaja 2a
Tel. +380 / 482/ 30 75 00
und 30 75 95

Das Erste-Hilfe-Telefon, auf Russisch „Skoraja pomoschtsch", wird aus dem ukrainischen Festnetz über die Nummer 03 angewählt

Öffentliche Verkehrsmittel

Populär sind in Odessa die Marschroutentaxis. Das sind Kleinbusse, deren Streckenplan ganz Odessa überzieht. Der unabhängig von der Streckenlänge einheitliche Fahrpreis ist mit 1,50 UAH (etwa 0,25 Euro) verhältnismäßig günstig. Allerdings sind diese Kleinbusse zur Hauptverkehrszeit chronisch überfüllt. Aus dem unübersichtlichen Streckenplan seine spezielle Fahrtroute mit der dazugehörenden Nummer des Marschroutentaxis herauszufinden ist eine Kunst. Aber Versuch und Irrtum sowie Fragen führen irgendwann zum Erfolg und zum Ziel. Eine Fahrt mit dem Trolleybus oder der Straßenbahn kostet 50 Kopeken (noch keine 10 Cent). Rentner fahren kostenlos.

Ukrainischer Milizionär

Polizei

Die Polizei in der Ukraine heißt Milizija, und der Polizist ist ein Milizionär. Die Milizionäre sieht man bei Autokontrollen oder wenn sie Politiker eskortieren. Die Miliz reagiert über die Notrufnummer 02 aus dem ukrainischen Festnetz und hilft wirklich, wenn es nötig ist.

Post

Odessas Hauptpostamt liegt zentral in der ul. Sadowaja, in einem schön restaurierten alten Gebäude. Dort werden wie in den zahlreichen Postfilialen der Stadt alle üblichen Postdienste angeboten. Hauptpostamt: ul. Sadowaja 10, Tel. aus dem ukrainischen Festnetz 065, geöffnet von 8 bis 20 Uhr.

Preise & Währung

Siehe auch Banken und Geldwechsel.

Einige Preisbeispiele:

10 Eier	etwa 6 Griwna
1 Kilo Brot	1 bis 3 Griwna
200 g Butter	ca. 7 Griwna
1 Liter Milch	2,5 Griwna
1 Kilo Rindfleisch	ca. 25 Griwna
1 Kilo Schweinefleisch	ca. 26 Griwna

Reisezeit

Die beste Reisezeit ist Ende April bis Ende Oktober, Badezeit im Schwarzen Meer Ende Mai bis Ende September.

Schiffe & Tragflächenboote

Siehe Kapitel „Schwarzes Meer und Hafen", S. 86–103.

Seilbahn

Am Französischen Boulevard führt eine kleine Seilbahn zum Strand „Otrada". Sie erspart den anstrengenden Gang über das Steilufer. Die Seilbahnstation ist mit der Straßenbahn Nr. 5 vom Bahnhof aus zu erreichen. Ausstieg bei der 3. Station. Fahrpreis für eine Strecke: 10 UAH (etwa 1,50 Euro)

Sprache & Transkription

Odessa ist eine überwiegend russischsprachige Stadt. Die Transkriptionen in diesem Buch orientieren sich daher an der russischen Schreibweise.

Taxi

In Odessa gibt es mehr als 30 Taxifirmen. Sie arbeiten zuverlässig. Die Preise sind verhältnismäßig günstig. Erreichbar aus dem ukrainischen Festnetz über die Telefonnummern 355355, 070, 080, 088, 1010, 1020, 1030 usw.

Auch Privatfahrer halten häufig an, wenn man an der Straße den Arm herausstreckt. Für ein paar Griwna Taschengeld erreicht man so auch sein Ziel. Handeln empfiehlt sich immer.

Telefonieren

Mobiltelefone mit den Karten ausländischer Betreiber funktionieren in Odessa im Roaming-Verfahren einwandfrei. Beim Telefonieren innerhalb der Stadt vom Mobiltelefon aus beachten Sie bitte die unterschiedlichen Ortsvorwahlnummern für Odessa (0482 und 048). Es handelt sich nicht um einen Druckfehler. Bedingt durch Erneuerungsarbeiten am Netz wurde vor die früher sechsstellige Telefonnummer eine Ziffer hinzugefügt. Wenn Sie also eine sechsstellige Ziffer in Odessa von Ihrem Mobiltelefon aus anrufen, wählen Sie die 0482. Ist die Telefonnummer siebenstellig, reicht 048. Darüber hinaus wird bei jeder Einwahl in ein Ortsnetz der Ukraine vorher die 8 gefordert. Also 8048 oder 80482 und dann die Nummer des Anschlusses.

Zum Telefonieren nach Deutschland müssen Sie folgende Ziffernkombination eingeben: 81049 + dt. Ortsvorwahl ohne Null + Nummer des Anschlusses.

Günstig telefonieren von Deutschland aus ins ukrainische Festnetz können Sie für ca. 7 Cent und ins ukrainische Mobilfunknetz für ca. 10 Cent über verschiedene Billigvorwahlnummern plus ukrainischer Ländervorwahl 00380 + Stadtvorwahl + Nummer des Anschlusses.

Theater

(siehe Kapitel „Monumentale und traditionsreiche Oper, S. 28–41)

Trinkgeld

Trinkgeld hat sich neuerdings auch in der Ukraine eingebürgert und wird in angemessener Höhe (10%) als normal empfunden.

Unterhaltung

Siehe Kapitel Essen, Trinken und Ausgehen (S. 116–129)

Universitäten, Schulen, Kindergärten

Odessa gilt als großes Bildungszentrum in der Südukraine. Es gibt rund zwanzig Hochschulen und Akademien. Die älteste und prominenteste Universität ist die Nationale Odessaer Metschnikow-Universität. Sie unterhält neun Fakultäten. Es studieren dort zahlreiche Studenten auch aus anderen Ländern wie Asien, Afrika, Südamerika. Als Stadt der Seeleute gibt es in Odessa selbstverständlich mehrere Fachschulen für maritime Berufe und Schiffspersonal.

Wohnungen

Sowohl im Zentrum als auch in den Erholungsbezirken gibt es ausreichend Wohnungen westlichen Standards zu mieten. Je nach Lage und Ausstattung der Wohnung können die Mieten zwischen 7 bis 10 Euro pro m^2 und mehr betragen. Kontakt über die zahlreichen Immobilienmakler. Informationen in russischer Sprache in den einschlägigen Zeitschriften an jedem Kiosk und im Internet.

Zeit

In der Ukraine ist es eine Stunde später. Sommer- und Winterzeit entsprechen der in Westeuropa.

Zirkus

In der Stadt spielt regelmäßig ein guter Staatszirkus in der ul. Koblewskaja 25
Tel. +380/48/ 726 90 90

Zoll

Wer mehr als tausend Euro oder Dollar in die Ukraine einführt oder besondere Wertgegenstände (Musikinstrumente u.a.) mitbringt, die wieder ausgeführt werden sollen, füllt am besten eine Zollerklärung aus. Formulare gibt es am Flughafen.

Zirkus Odessa

Viele Internetseiten existieren außer in Russisch oder Ukrainisch auch in Englisch oder Deutsch

Allgemeine Seiten

www.odessa-information.com.ua	Wissenswertes zu Odessa (Deutsch)
www.odessapassage.com	Odessa, Wohnungsvermietung für ein bis mehrere Tage (Russisch, Englisch)
www.odessa.ru	Hotels, Sanatorien, Exkursionen (Russisch)
www.odessaglobe.com	Odessa im Blick von Exilodessiten (Russisch, Englisch)
www.odessa-city.com	Odessa Stadt (Englisch)
www.odessaonline.com.ua/	(Russisch, Englisch)

Behörden

http://ved.odessa.gov.ua/	Gebietsverwaltung der Region Odessa (Ukrainisch, Russisch, Englisch)
www.kultura.od.ua/	Kulturabteilung der Stadt (Russisch)

Deutsche Kultur

www.bayernhaus.odessa.ua	Bayerisches Haus, Adressen von Wohnungen in Odessa (Ukrainisch, Russisch, Deutsch)
www.kiew.diplo.de/Vertretung/kiew/	Botschaft der Bundesrepublik Deutschland in Kiew, (Deutsch, Ukrainisch), zu Redaktionsschluss Einführung eines Honorarkonsulats in Odessa geplant, nähere Informationen über die Botschaft
www.delku.org/	Deutsch-evangelisch-lutherische Kirche der Ukraine in Odessa

Erfahrungsberichte

www.csey.de/ods/odessa.htm	Persönliche Erfahrungen (Deutsch, Russisch, Spanisch)
www.odessaonline.com.ua	Odessa, Fotos (Englisch, Russisch)

Geschäft und Handel

www.expodessa.od.ua	Geschäft, Messen (Russisch, Englisch)
www.yellowpages.com.od.ua	Gelbe Seiten Odessa (Russisch)
www.orcci.odessa.ua	Industrie- und Handelskammer, Region Odessa (Russisch, Englisch)
www.exodus.odessa.ua	Odessa, Werbung (Russisch)

Kuren

www.ODECCA.RU/ lechenie_kuyalnik	Kurort Kujalnik und Sanatorien (Russisch)
www.ODECCA.RU/ sanatorium_kuyalnik	Sanatorien im Kurort Kujalnik (Russisch) (Russisch)

Medien

www.slovo.odessa.ua	Lokalzeitung in Odessa (Russisch)
www.yug.odessa.ua	Regimekritische Zeitung „Jug"
www.garmoniamira.com.ua	Radiosender mit klassischer Musik mit Informationen zu Konzerten und Kulturveranstaltungen (Russisch)
www.odesinform.com.ua	Nachrichtenagentur (Russisch, Ukrainisch)
www.reporter.com.ua/cgi-bin/main.pl	Nachrichtenagentur (Russisch)

Reiseplanung

www.odessa-ua.com	Unterkünfte, Einladungen, Tourenvorschläge, alles ziemlich übersichtlich gegliedert, klare Preiskategorien für alle Leistungen, Angebote für innerukrainische Reisen (Englisch)
www.ukraine-tours.de	Reservierungen, Visa-Unterstützung, Gruppenreisen, Führungen, Transfer, Ticketservice (Deutsch)
www.globus-tours.com.ua	Reisebüro in Odessa Innenstadt, man spricht Deutsch und Englisch (Website in Russisch, Englisch)
www.lstravel.com.ua/	Reisebüro London Sky, im Hafen, man spricht Deutsch, Englisch und Französisch (Englisch, Russisch)
www.ukraine-eisenbahnreisen.de	Bahnfahrten nach Odessa über die Republik Moldau (Deutsch)

Suchmaschinen

www.spravka.od.ua	Suchmaschine für die Städte Odessa, Iljitschowsk, Ismail und die Odessa-Region (Russisch)

Unterkünfte: Hotels, Camping, Wohnung

www.besthotelsukraine.com	Hotels in Ukraine und Russland, Odessa anklicken (Englisch)
www.apartments-odessa.com	Elitewohnungen in Odessa (Russisch, Englisch)
www.odessahotels.ru	Hotels in Odessa (Russisch, Englisch)
www.delfin.odessa.ua	Campingplatz im Norden von Odessa

Hier finden Sie eine Auswahl der im Text erwähnten Straßen und Plätze. Wir haben diese zum besseren Verständnis so geschrieben, wie sie ausgesprochen werden, zum Vergleichen mit den Staßenschildern auch die russische Schreibweise in kyrillischen Buchstaben aufgeführt und eine Übersetzung ins Deutsche angefügt. „Uliza" heißt Straße und wird mit ul. abgekürzt. „Ploschtschadj",(abgekürzt pl.), heißt Platz; Pereulok (abgekürzt per.) und Spusk sind Gassen.

Aussprache	Karte	Straßenschild in Russisch	Deutsche Übersetzung
A			**A**
Admirala Lasarewa ul.	A 6-B 5	Адмирала Лазарева ул.	Admiral-Lasarew-Straße
Aleksandrowskij Prospekt	C-D 3	Александровский проспект	Alexanderprospekt
B			**B**
Balkowskaja ul.	A 1-2	Балковская ул.	Schluchtstraße
Basarnaja ul.	C-E 4	Базарная ул.	Basarstraße
Belinskogo ul.	E 5, F 4	Белинского ул.	Belinskijstraße
Bogdana Chmelnitzkogo ul.	B 5	Богдана Хмельницкого ул.	Bogdan-Chmelnitzkij-Straße
Bolgarskaja ul.	B 5-6	Болгарская ул.	Bulgarische Straße
Bolschaja Arnautskaja ul.	C-E 4	Большая Арнаутская ул.	Große Arnautowstraße
Boulevard Iskusstw	C 1	Бульвар искусств	Boulevard der Künste
Bunina ul.	C-E 3	Бунина ул.	Buninstraße
D			**D**
Degtjarnaja ul.	B-C 3	Дегтярная ул.	Degtjarnijstraße
Deribasowskaja ul.	D-E 2	Дерибасовская ул.	Deribasstraße
Detskaja Alleja	E-F 3	Детская аллея	Kinderallee
Devolanowskij Spusk	E 2-3	Деволановский спуск	Devolangasse
Didrichsona ul.	A-B 2	Дидрихсона ул.	Didrichsonstraße
Djukowskaja ul.	A 2	Дюковская ул.	Djukstraße
Dumskaja Ploschtschadj	D 2-3	Думская площадь	Dumaplatz
Dworjanskaja ul.	C 2	Дворянская ул.	Straße der Aristokraten
E			**E**
Ekaterininskaja ploschtschadj	D 2	Екатерининская площадь	Katherinenplatz
Ekaterininskaja ul.	D 2-4	Екатерининская ул.	Katherinenstraße
Ewrejskaja ul.	C-F 3	Еврейская ул.	Jüdische Straße
F			**F**
Franzuskij Boulevard	E 5, F 6	Французский бульвар	Französischer Boulevard
G			**G**
Gawannaja ul.	D 2	Гаванная ул.	Hafenstraße
Generala Watutina ul.	A 4	Генерала Ватутина ул.	General-Watutin-Straße
Generala Zwetajewa ul.	B 6	Генерала Цветаева ул.	General-Zwetajew-Straße
Gimnasitscheskaja ul.	E 3-4	Гимназическая ул.	Gymnasiumstraße
Glawnaja Alleja	E-F 3	Главная аллея	Hauptallee
Gogolja ul.	D 1-2	Гоголя ул.	Gogolstraße
Gospitalnij Pereulok	F 6	Госпитальный переулок	Lazarettgasse
Gretscheskaja Ploschtschadj	D 2	Греческая площадь	Griechischer Platz
Gretscheskaja ul.	D-E 2	Греческая ул.	Griechische Straße
I			**I**
Italjanskij Boulevard	D5	Итальянский бульвар	Italienischer Boulevard

J			**J**
Jasnaja ul.	F5	Ясная ул.	Helle Straße
Juria Oleschi ul.	E 2-3	Юрыя Олеши ул.	Jurij-Olesch-Straße
Juschnaja ul.	B 3-4	Юшная ул.	Südliche Straße
K			**K**
Kanatnaja ul.	E 2-6	Канатная ул.	Schiffstaustraße
Karantinnij Spusk	E 2	Караннтиный спуск	Quarantänegasse
Karantinnaja ul.	E 3	Караннтиная ул.	Quarantänestraße
Knjascheskaja ul.	B-C 1	Княжеская ул.	Fürstenstraße
Koblewskaja ul.	C 2	Коблевская ул.	Koblestraße
Kolontajewskaja ul.	A 3-B 4	Колонтаевская ул.	Kolontajstraße
Kompositora Nischtschinskogo	A-B 2	Композитора Нищинского ул.	Komponist-Nischtschinksij-Str.
Konnaja ul.	B-C 1	Конная ул.	Pferdestraße
Krasnij Pereulok	D 2	Красный переулок	Rote Gasse
Krasnoslobodskaja ul.	A 1	Краснослободская ул.	Rote Siedlung-Straße
Kujbyschewa ul.	C 4	Куйбышева ул.	Kujbyschewstraße
Kulikowo Polje	D 5 -6	Куликова поле	Kulikowofeld
Kusnetschnaja ul.	C 3	Кузнечная ул.	Schmiedstraße
L			**L**
Lanscheronowskaja ul.	C-E 2	Ланжероновская ул.	Lanscheronstraße
Lejtnanta Schmidta ul.	D 5	Лейтнанта Шмидта ул.	Leutnant-Schmidt-Straße
Lermontowskij Pereulok	F 5	Лермонтовский переулок	Lermontowgasse
Lidersowskij Boulevard	F 3-4	Лидерсовский бульвар	Lidersowskij-Boulevard
Ljapunowa Pereulok	C 1	Ляпунова переулок	Ljapunowgasse
M			**M**
Majakowskogo Pereulok	C-D 2	Маяковского переулок	Majakowskijgasse
Malaja Arnautskaja ul.	C 4-E 5	Малая Арнаутская ул.	Kleine Arnautowstraße
Malanowa Pereulok	B 2	Маланова переклок	Malanowgasse
Maneschnaja ul.	B 1	Манежная ул.	Manegenstraße
Maraslijewskaja ul.	E 2-4	Маразлиевская ул.	Maraslijewskijstraße
Mariinskaja ul.	F 5-6	Мариинская ул.	Marienstraße
Masterskaja ul.	B 3	Мастерская ул.	Handwerkerstraße
Matrosskij Spusk	A 1-2	Матросский спуск	Matrosengasse
Metschnikowa ul.	B 3-C 4	Мечникова ул.	Metschnikowstraße
Mjasojedowskaja ul.	B 4-C 5	Мясоедовская ул.	Mjasojedowstraße
Mukatschewskij Pereulok	E-F 5	Мукачевский переулок	Mukatschewogasse
N			**N**
Nachimowa ul.	E 2	Нахимова ул.	Nachimowstraße
Nekrasowa pereulok	C-D 1	Некрасова переулок	Nekrasowgasse
Neschinskaja ul.	B 1-C 3	Нежинская ул.	Neschinstraße
Nowaja ul.	E 4-5	Новая ул.	Neue Straße
Nowoselskogo ul.	B 1-C 3	Новосельского ул.	Nowoselskijstraße
Nowoschtschepnoj Rjad	C-D 5	Новощебной ряд ул.	Neue Holzreihenstraße
O			**O**
Olgijewskaja ul.	B -C 1	Ольгиевыкая ул.	Olgastraße
Osipowa ul.	D 4-E 3	Осипова ул.	Osipowstraße
P			**P**
Pantelemonowskaja ul.	C 4-E 5	Пантелеймоновская ул.	Pantelejmonstraße
Pastera ul.	B 1-C 2	Пастера ул.	Pasteurstraße
Pirogowskaja ul.	D-F 6	Пироговская ул.	Pirogowstraße
Pirogowskij Pereulok	E 6	Пироговский переулок	Pirogowgasse
Polskaja ul.	E 3-4	Польская ул.	Polenstraße
Polskij Spusk	E 2	Польский спуск	Polengasse

Preobraschenskaja ul.	C 1-4	Преображенская ул.	Verklärungsstraße
Primorskaja ul.	C-D 1	Приморская ул.	Küstenstraße
Primorskij-Boulevard	D 1-2	Приморский бульвар	Küsten-Boulevard
Prochorowskaja ul.	B 4-5	Прохоровская ул.	Prochorow-Platz
Puschkinskaja ul.	D 2-5	Пушкинская ул.	Puschkinstraße
R			**R**
Rasumowskaja ul.	A-B 4	Разумовская ул.	Rasumowskijstraße
Risowskaja ul.	A 3	Ризовская ул.	Risowstraße
Richeljewskaja ul.	D 2-5	Ришельевская ул.	Richelieustraße
S			**S**
Sabanejew Most	C-D 1	Сабанеев мост	Sabanejewbrücke
Sadowaja ul.	C 2	Садовая ул.	Gartenstraße
Sapadnij Pereulok, 2.	A 1	Западный переулок 2.	Zweite Westgasse
Schewtschenko Prospekt	E 6	Шевченко проспект	Schewtschenko-Prospekt
Schtschepkina ul.	C 1-2	Щепкина ул.	Schtschepkinstraße
Schukowskogo ul.	C-E 3	Жуковского ул.	Schukowskijstraße
Seminarskaja ul.	E 6	Семинарская ул.	Seminarstraße
Skidanowskaja ul.	A 1	Скидановская ул.	Skidanowstraße
Sobornaja Ploschtschadj	C 2	Соборная площадь	Kathedralenplatz
Sofijewskaja ul.	C 1	Софиевская ул.	Sofienstraße
Sportiwnyj Pereulok	F 6	Спортивный переулок	Sportgasse
Srednefontanskaja ul.	D 6	Среднефонтанская ул.	Mittlere Springbrunnenstraße
Staroportofrankowskaja ul.	B 1-3	Старопортофранковская ул.	Alte Portofrankostraße
Starosennaja ul.	D 5	Старосенная ул.	Altheustraße
Suworowskaja Alleja	F 3	Суворовская аллея	Suworowallee
T			**T**
Tamoschenaja Ploschtschadj	E 2	Таможенная площадь	Zollplatz
Tiraspolskaja Ploschtschadj	C 3	Тираспольская площадь	Tiraspolplatz
Tiraspolskaja ul.	B 3-C 2	Тираспольская ул.	Tiraspolstraße
Tolstogo Ploschtschadj	B 3	Толстого площадь	Tolstoiplatz
Tolstogo ul.	C 2-3	Толстого ул.	Tolstoistraße
Torgowaja ul.	B 2-C 1	Торговая ул.	Handelsstraße
Troizkaja ul.	C 3-F 4	Троицкая ул.	Troizkistraße
Tschaijkowskogo Pereulok	D 2	Чайковского переулок	Tschaikowskigasse
Tschechowa Pereulok	D 6	Чехова переулок	Tschechowgasse
Tschornomorskaja ul.	F 4-5		Schwarzmeerstraße
U			**U**
Ujutnaja ul.	F 5	Уютная ул.	Gemütliche Straße
Uspenskaja ul.	B 3-F 4	Успенская ул.	Uspenskijstraße
V			**V**
Vizeadmirala Asarowa ul.	F 5	Вице-адмирала Азарова ул.	Vizeadmiral-Asarow-Straße
W			**W**
Wery Inber ul.	F 4	Веры Инбер ул.	Vera-Inber-Straße
Wodoprowodnaja ul.	C 6-D 5	Водопроводная ул.	Wasserleitungsstraße
Wodoprowodnij Pereulok, 3	C-D 6	Водопроводный переулок, 3.	Dritte Wasserleitungsgasse
Wojennij Spusk	D 1	Военный спуск	Militärgasse
Wolschskij Pereulok	D 6	Волжскый переулок	Wolgagasse
Woronzowskij Pereulok	D 1	Воронцовскый переулок	Woronzowgasse
Wosnesenskij Pereulok	D 6	Вознесенсквй переулок	Wosnesenskijgasse
Wysokij Pereulok	C 6	Вызокий переулок	Hohe Gasse

Brigitte Schulze

Journalistin, Korrespondentin für deutsche Medien; Beraterin in Medien-, Kultur- und Tourismusprojekten; zwanzig Jahre Ukraine-Erfahrung durch Leben und Arbeiten in Kiew und Odessa sowie zahlreiche Reisen durch das Land.

Deutschland:
Tel. + 49 / 881 / 63125
Fax + 49 / 881 / 63126
Ukraine:
Tel. +380/ 50/ 469 36 47
E-Mail: BriSchulze@aol.com

IMPRESSUM

Texte und Fotos:
Brigitte Schulze
Layout und Design:
Harald Ralf Krix
Elena A. Nabojtschenko
Redaktion:
Karl-Heinz Ulrich
Korrektor:
Norbert Westermayer

Haftungsausschluss und weitere Informationen:
Alle Informationen wurden nach bestem Wissen und Gewissen recherchiert. Die Zusammenstellung erhebt keinen Anspruch auf Vollständigkeit. Weiterführende Informationen und Kontakte, individuelle Tipps oder Reisehinweise können gegen eine Gebühr gerne beim Verlag direkt erfragt werden.

Gerne werden Ihre eigenen Beobachtungen und Hinweise bei der nächsten Auflage berücksichtigt. Bitte wenden Sie sich dazu an den Verlag oder die Autorin.

UKIN Verlag www.ukin.de
ISBN 978-3-9810467-2-4

Neuerscheinung, 2008